大展好書　好書大展
品嘗好書　冠群可期

大展好書　好書大展

品嘗好書　冠群可期

易
學
智
慧

15

盧　央／著

易學與天文學

大展出版社有限公司

题辞

阐发易学的精湛思想

深研天地人三才之道

张岱年 题

一九九七年七月

❖易學與天文學

總序一

任繼愈

　　《易經》這部書幽微而昭著，繁富而簡明。五千年間，易學思想有形無形地影響著中華民族的社會生活、政治生活以及人生哲學。

　　《周易》經傳符號單純（只有陰陽兩個符號），文字簡約（約二萬四千餘字），給後代詮釋者留出馳騁才學的廣闊天地。迄今解易之書逾數千家。近年已有光電傳播媒體，今後闡釋易學的各種著作勢將更為豐富。

　　歷代有真知灼見的易學研究者，從各個方面反映各時代、各階層的重大問題。前人研究易學的成果豐富了中華民族的文化寶庫。研究易學，古人有古人的重點，今人有今人的重點。今天中國人的使命是加速現代化的步伐，迎接二十一世紀。

　　易學，作為中華民族文化遺產，也要為文化現代化而做貢獻。當代新易學的任務之一是擺脫神學迷信。易學雖起源於神學迷信，其出路卻在於擺脫神學迷信。凡是有生命的文化，都植根於現實生活之中，不能游離於社會之外。大到社會治亂，小到個人吉凶，都想探尋個究竟。人在世上，是聽命於神，還是求助於人，爭論了幾千年，這兩條道路都有支持者。

　　哲學家見到《易經》，從中悟出彌綸天地的大道理；德

國萊布尼茲見到《易經》，從中啓悟出數學二進制的前景；嚴君平學《易經》，構建玄學易學的體系；江湖術士不乏「張鐵口」、「王半仙」之流，假易學之名，蠱惑愚眾，欺世騙財。易學研究走什麼道路，是易學研究者普遍關心的大事，每一位嚴肅的易學研究者負有學術導向的責任。

本叢書的撰著者多是我國近二十年來湧現的中青年易學專家，他們有系統的現代科學訓練的基礎，有較深厚的傳統文化素養，有嚴肅認真的學風，易學造詣各有專攻。這部叢書集結問世，必將有益於世道人心，有助於易學健康發展，為初學者提供入門津梁，為高深造詣者申一得之見以供參考。

這套叢書的主旨，借用王充《論衡》的話——「疾虛妄」。《論衡》作於二千年前，舊迷霧被清除，新迷霧又彌漫。「疾虛妄」的任務遠未完成。如果多數群眾尚在愚昧迷信中不能擺脫，我們建設現代化中國的精神文明就無從談起。我們的任務艱鉅而光榮。

本叢書的不足之處，希望與讀者同切磋，共同提高。

（任繼愈先生現任國家圖書館館長、教授，中國哲學史學會會長，東方國際易學研究院首席顧問。）

總序二

朱伯崑

　　《周易》系統典籍，是中華傳統文化的重要組成部分，繼承和發揚這份珍貴的遺產，是學術界的一項艱鉅任務。近年來，海內外出版了多種易學著作，形成了一股周易熱。關於周易文化的論述，提出許多問題，發表許多見解，眾說紛紜，莫衷一是，又為易學愛好者和關心傳統文化的讀者帶來許多困擾。有鑑於此，東方國際易學研究院的同仁，在自己研究的基礎上，編寫了這套叢書，參加爭鳴，希望能為讀者澄清一些問題，將弘揚傳統文化引向較為健康的軌道。我們編寫這套叢書，依據以下幾條原則：

　　(1)倡導以科學態度和科學方法，研究和評介周易文化，區別精華和糟粕，突出易學文化中的智慧和哲理。《周易》系統典籍，所以長期流傳不息，關鍵在於其中蘊涵的智慧或思維方式，吸引歷代學人不斷追求和闡發。這套叢書的重點在於闡述其智慧，使讀者從中受到教益，故定名為《易學智慧叢書》。

　　(2)《周易》系統典籍或歷代易學，對中國傳統文化的發展影響深遠，涉及到自然和人文各個領域，如古人所說「易道廣大，旁及天文、地理……」等，在人類文明史上獨樹一幟。弘揚易學智慧，不能局限於《周易》經傳本身，如歷代經學家所從事的注釋工作；還要看到其在實際生活中所起的

作用和影響。編這套叢書，著眼於從傳統文化發展的角度，闡述易學智慧的特色及其價值。

(3)任何傳統文化的研究，都應同當代的文明建設聯繫起來考量，走現代化的道路，即古為今用的道路，傳統文化方能重新煥發出其生命力。編寫這套叢書，亦力求體現這一精神。總之，弘揚傳統應根植於現實生活之中。

(4)《周易》系統的典籍，文字古奧，義理艱深，一般讀者難於領會。編寫這套叢書，一方面立足於較為踏實的學術研究的基礎上，對原典不能妄加解釋和附會，一方面又要以較為通俗易懂，用當代學人所能接受的語言，敘述易學智慧的特徵，易學文化流傳的歷史及其對中華文化所起的影響，行文力求深入淺出，為易學愛好者提供一入門途徑。

以上四條，是我們編寫此套叢書的指導方針和要求，參加撰寫的同仁，大都按這些要求努力工作。有的稿本改寫多次，付出了艱鉅的勞力，至於是否達到上述目的，要待廣大讀者的批評指正了。總之，編寫這套叢書是一種嘗試，旨在倡導一種學風，拋磚引玉，以便同學術界、文化界的同行，共同實現弘揚優秀傳統文化的任務。

（朱伯崑先生現任東方國際易學研究院院長兼學術委員會主任，北京大學哲學系教授，中國易學與科學研究會理事長。）

自　序

　　遠古時代人們就已經有目的地觀測天象，而且從觀測天象中獲得了對自然界和對人類生活、生產方面的有用的知識。又從長期地有系統地觀測天象中，進一步總結出某些天體視運行的規律，並將之與其它自然現象聯繫起來，考察自然界更為廣泛的、帶普遍意義的規則。

　　《易·繫辭》說：「古者包犧氏之王天下也，仰則觀象於天，俯則觀法於地，觀鳥獸之文與地之宜，近取諸身，遠取諸物，於是始作八卦，以通神明之德，以類萬物之情。」由此可見，觀測天象本身參與了「八卦」的建構，是建構八卦的基礎。後來到東漢末年，當時一位學者虞翻認為：「八卦乃四象所生，非包犧之所造也。」（李鼎祚：《周易集解》卷十五）即是八卦是一種生成過程生成出來的，也即《易·繫辭》中另一段話所說的：「是故易有太極，是生兩儀，兩儀生四象，四象生八卦。」

　　所以，包犧（今稱伏羲）只是從觀察天象，考察地理，察看鳥獸之文等等確定了「八卦」的存在，即是認為自然界具有一種普遍意義的規則，而這一規則就是由「八卦」體現出來。從而可用「八卦」這個模式對宇宙和宇宙間的萬事萬物作出系統性的描述和說明。眾所周知，八卦是易學的基礎，因此，古代的天文學就與易學發生了密切的關係。本書

從主要方面闡述了這種關係。

　　曆法本身是天象的符號系統。易學在本質上也是古人所了解的自然界的一種符號表示。因而在古代人們心目中，用易學來說明天象和安排曆法是很自然的事。《史記·律書》所述的八風，就是用八卦的模式說明「律曆」。「律曆」是關於曆法和相應的氣候物候狀況。也是對太陽週年視運行和一年裡各個月份的名稱，氣候物候特點。《黃帝內經·靈樞·九宮八風》就用九宮八卦盤安排了一年三百六十五天，形成九宮八卦曆盤。

　　由於1977年安徽阜陽夏侯灶墓出土了一個「太乙九宮占盤」，它與《靈樞》所示的《九宮八風圖》基本相同，因而證實古代用八卦九宮曆盤紀日是當時的一種曆書。因此，關於八卦和曆法之間的關係，本書作了稍微詳細的介紹。特別說明的是中國古代官方的曆法是陰陽合曆，即以二十四節氣、六甲紀日的太陽曆系統和以十二月、朔望弦晦紀日的太陰曆系統聯合組成一個曆法體系，並包括五星運行和某些雲物紀錄。本書對這一曆法體系也作了探討，並儘可能用《周易》作出解釋。

　　由於觀測條件的限制，古代的宇宙觀念局限於人們觀測到的天和地的範圍，是一種天地宇宙的概念。東漢張衡覺得在觀測到的天地之外，應該還有更廣闊的世界。他說：「過此而往者，未之或知也。未之或知者，宇宙之謂也。宇之表無極，宙之端無窮。」❶即提出了無限宇宙的觀念。

　　本書所述的古代宇宙理論，還是局限於天地宇宙的觀念。但是其中的宣夜說，由於它否定了固體的「天球」，而

具有無限宇宙的含義。這種宇宙概念引發了《列子·天瑞》中説的：「夫天地，空中之一細物。」即將整個天地宇宙視為無窮宇宙中之一個細微部分。

本書撰寫過程中得到北京大學朱伯崑教授（東方國際易學研究院院長）的親切指導和幫助，作者謹致謝忱。由於學疏識淺，書中錯誤不當之處在所難免。敬請讀者不吝賜教，將不勝感謝！

盧　央

【註　釋】

❶　《續漢書·天文志》，見中華書局《歷代天文律曆等志匯編》（一），1975 年。

目　錄

第一章
《易經》所描述的天文曆法

　　《周易》是中國古代的典籍，被列為儒家五經之一，並居其首。這部經典實際上包含兩個部分，即經和傳兩個部分。其經的部分通稱為《易經》，大約形成於殷周之際。其傳的部分通稱為《易傳》，形成於戰國時期。

　　所以，這部典籍的兩個部分在時間上差距長達七八百年。《易經》基本上是一部占筮書，由卦爻符號和卦爻辭組成。《易傳》則是系統地解釋《易經》的著作，共有七種十篇，即《彖辭》上下，《象辭》上下，《文言》，《繫辭》上下，《說卦》、《序卦》、《雜卦》。

　　《易經》作為一部占筮之書，其卦爻辭以筮占記錄為素材加工整理而成。其中也蘊含著一定義理，把世界看成是一個井然有序的整體，但只是在天命神學觀念支配下的統一體。

　　《易傳》解經，不管是對筮法體例的論述，還是對卦象和卦爻辭的解說，都企圖從哲理的高度加以概括；它建構了一個陰陽哲學的體系，又是一部哲學著作。

　　由於《易經》和《易傳》前後時間相差跨度較大，兩者的文化背景自然很不相同，也就體現了不同的思想內容。因而在《易經》和《易傳》中所反映的天文曆法知識也是大有差別的。從這一差別中可以看出《周易》與天文曆法的聯

繫。

一、《易經》卦爻辭中的直接的天象描述

《易經》述說的天文現象除了日、月、行星和恆星等這些標準的天象之外，還涉及了一些雲氣、雷電、虹霓等地球大氣現象。這是由於古人尚不能將天文現象與地球大氣現象區別開來，而有此混淆。因此，本節的敘述也會稍微旁涉這一類地球大氣現象。《易經》中直接描述的天文現象不多，主要有太陽、月亮和北斗星，並旁及其它一些星宿。還說及若干大氣現象。

描述太陽的內容主要有：

第三十卦離卦九三爻辭說：「日昃之離，不鼓缶而歌，則大耋之嗟，凶。」日昃是指太陽偏西，「日昃之離」是指日在西方附麗於天空，不久將沒，如同人在暮年，不久於人世，因此要鼓缶唱歌，所謂樂天知命，因而把「離」解釋為附麗。

但高亨在其《周易大傳今注》中卻認為：「離，讀為螭。」螭為龍之類，高亨認為這裡的螭龍，「非水中之螭，乃天上雲氣成龍形者也。雲氣成龍形者，古亦謂之霓。」又說：「日光映射，雲氣成龍形，周初人稱螭，戰國以後人稱霓。螭、霓當是一聲之轉。」因而這條爻辭的意思當是在太陽偏西時，有霓出現於天空，是個凶兆，老年人有悲嘆之災。因此要擊缶唱歌而禳解之。

可見離卦第三爻描述了日昃這種太陽在天空位置的信

息，從而也就揭示了太陽在天空運行的情況；可能同時也描述了與太陽有關的大氣物理現象，即虹霓的觀測記錄。

描述月亮的內容主要有：

《易經》中直接描述月亮的有三個卦，即第九卦小畜、第五十四卦歸妹、第六十一卦中孚，都只說「月幾望」。這三條爻辭的月幾望，都可解釋為「月既望」，望是滿月的天文學名稱，既望是指滿月過後的月象。一般指望後直到下弦前數日為既望。

小畜卦上九爻辭說：「既雨既處，尚德載。婦貞厲。月幾望，君子徵凶。」

小畜上九爻辭說，雨已停止，還趕得上栽種作物。但這時婦女占得此爻卻是有凶險之兆。月既望時，男子占得此爻出徵亦是凶兆。但要指出的是「尚德載」還有另外的解釋，高亨認為是雨止路濘，但尚能得他人以車載之。是出行時遇難得助之象。但婦女行路遇雨得載，
有被騙劫之危險。故凶。

歸妹卦六五爻辭說：「帝乙歸妹，其君之袂，不如其娣之袂良。月幾望，吉。」爻辭中的「月幾望」與上面小畜上九爻辭說的相同。這條爻辭的意思是殷帝帝乙，嫁少女於周文王，以其娣陪嫁。其為王后者之貌不如其娣之貌美。其出嫁日在月幾望之時，結果是吉。

中孚卦六四爻辭說：「月幾望，馬匹亡，無咎。」爻辭中說的是，在月幾望的時候，失去了馬匹，但可無咎。

在《易經》的時代，陰陽學說還沒有滲入，因此對「月幾望」這一天象的占測吉凶，不像後來那樣從陰陽觀點推

斷，而是純從天象入占。從天象入占，就要考慮望是滿月的月相，即太陽與月亮相差 180 度時的月相。滿月一般是在每月的十五日，但由於遠古時曆法未精，望可能在十五日前發生，也有可能在十五日後發生。古人已知月食必發生在望，但由於望日不定，所以可能在十五日前或後發生月食。月食自然不是吉象，為避免撞上月食，那麼在望後就比較安全。

按《唐開元占經》卷十七引甘德占說：「月生十日至十四日而食，天下兵起。」又引石申說：「十五日而食，國破滅亡。」即古人以為十五日前之數日和後一、二日都有可能發生月食（月生一般是月初的初二日或初三日，月生以後十天至十四天即可能十二日至十七日）。而望過後，即既望時就不可能撞上月食。

由前述三條占辭可見，月幾望對婦女、莊稼、馬匹等都吉，惟獨對男子出征不吉。可能那時已有「月幾望」偏向利於女性和正常生活，而不利於男子出征和不利於非正常生活如戰爭之思考。小畜上九爻辭之言婦女占有凶險；或是說雨之後搶種莊稼會碰上麻煩；或是說在遇道路艱難時，得到人用車載，此又可能遭遇壞人騙盜。但兩意都包含有得助之象，只不過同時要注意防止凶險。

《易經》中關於北斗星的描述：

北斗星是北半球天空中最明亮的星組之一，由於組成這一星座的每一顆恆星都很明亮（最暗的是北斗第四星天權，為 3.44 等，此外六星均為二等星以上），而且組成這個星組的七顆亮星排列的形狀很像一個舀酒的勺，古人稱它為斗，古希臘稱之為大熊星座。

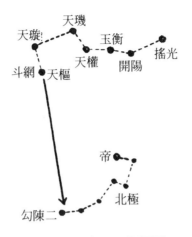

圖1-1　北斗星及北極圖

　　《易經》的第五十五卦豐卦，同時談到了「日中」和「斗星」兩種天象。豐卦的卦辭說：「亨，王假之，勿憂，宜日中。」六二爻辭說：「豐其蔀，日中見斗，往得疑疾，有孚，發若吉。」九四爻辭也說：「豐其蔀，日中見斗，遇其夷主，吉。」

　　卦爻辭中的「日中」，指正午，即太陽在中天時。卦辭的意思就是：占筮遇到豐卦，可舉行祭祀，王要親自出席主持享祭。祭祀儀式宜在中午，象徵王如日在中天，光照天下，不必憂慮有什麼大事。「日中」也是描述太陽在天空的位置，並用來表示時間，從而也揭示了太陽的周日運行情況。日中雖是太陽位高光盛之時，但也會碰到特殊情況，這就是「豐其蔀」。

　　李鼎祚《周易集解》引虞翻注云：「日蔽雲中稱蔀」，又說：「蔀，蔽也。」又說：「斗，七星也。」故其說是日

受障蔽，日隱而星見，所見之星為明亮的北斗七星。

「疑疾」是疑神疑鬼之病，當為一種精神病象，可能在日正中天時，突然不見陽光，而北斗星卻隱約可見，受此自然界變異之影響，有得疑病者。如果認識到這只是種臨時的自然變異，雲層離開後，太陽重現，疑病即除，就不會有什麼事。九四爻辭說的是同樣的意思，但這時若遇到熟悉的店主人，作出適當的安排而致心安，就會化吉。

蔀，高亨解作棚，也解為日食，九二爻辭之蔀如為棚，意謂日中天時，搭一大棚，室中黑暗，燃燭以取明。（解日中見斗謂日中見主，主乃古燭字）有人進入此棚得疑疾，乃鬼神加罰，撥開棚則吉矣。九四爻辭謂蔀仍為棚，但又說「日中之時，忽逢日食，見斗星」，則其解釋前後不相一致。按太陽突然為雲遮蔽，則當為陰天，不見日亦不能見斗星，也不致昏暗得使人生疑疾，因而或許是指日全食，但蔀不能視為日食。所以蔀或者是指蒙氣。

蒙氣，《漢書・五行志》引《京房易傳》說：「有霓、蒙、霧。霧，上下合也。蒙如塵雲。霓，日旁氣也。」《唐開元占經》引《黃帝占》說：「凡連陰十日，晝不見日，夜不見月，亂風四起，欲雨而無雨，名曰蒙。」這種天象，豐卦九三爻辭也有所述：「豐其沛，日中見沬，折其右肱，無咎。」《集解》引虞翻說：「日在雲下稱沛，沛不明也。」又引《九家易》說：「大暗謂之沛沬，斗杓後小星也。」這條爻辭是說雖在日中，昏暗無光，似欲大雨滂沛，有人害怕，嚇得折斷右臂，但是一旦天氣轉好，就可治癒，故無咎。因而，九二爻辭所述日中起了蒙氣已經相當濃重，可隱

約見到北斗諸亮星，九三爻辭所述則是蒙氣加重，不僅昏暗無光，而且陰風慘慘，欲雨而無雨。九四爻辭則說所述蒙氣持續存在，不見散去，要找個地方暫時躲避，以避蒙氣。

此外，古人認識到太陽於日全食時無光，白晝可見到星辰。但還有一種稱為「薄」的現象，未必發生在朔日（日全食發生的必定時間），其現象也是不見陽光，其定義就是「日月無光曰薄」（《唐開元占經》卷九）。又引《京房易傳》說：「（日）食皆於晦朔，有不於晦朔者名曰薄。雖非日月同宿，時陰氣盛，猶掩薄日光也。」除了日食、日薄時太陽光暗外，古代還描述了一種「日晝昏」的情況，據《唐開元占經》引石申說：「日晝昏，行人無影，到暮不止。」又引甘德說：「日晝昏，鳥群鳴。」又引《春秋·感精符》說：「日者陽之精，曜魄光明，所以察下。夫以照滅、晝晦，甚所懼也。」也描述了與豐卦所說相似的情況。又引《京房別對災異》說：「國有讒佞，朝有殘臣，則日無光暗冥不明。易曰：日中見斗，日中星見，明其冥也，故貶之為暮也。」即京房引豐卦來說明日晝昏這種現象。

大抵「日晝昏」、「日無光」等現象，都是地球大氣現象，都與蒙氣有關。

但是上述對豐卦及其爻辭還有另外的解釋，徐振韜在《中國古代太陽黑子研究與現代應用》❶一書中提出：「日中見斗，是指一種用肉眼能夠觀察到的，並可用於象占的太陽上的現象。根據各方面的考察，我們認為這指的是太陽黑子。」他認為由於某種消光的原因，使日光大大減弱後，太陽圓面上呈現某種暗黑不明的、京房稱之為「暗冥」的那些

斑點，這就是太陽黑子。

之所以用「斗」和「沬」來稱呼它們，是因為「斗」並非指北斗星，而是「斗筲之器」的斗，是小器物的形象，沬則是小水泡的形象，二者都是對日面上小黑斑的描述。

二、《易經》卦爻辭中隱含的天象描述

從上一節的敘述中可以看出，《易經》卦爻辭直接描述的天象並不多，而且所述的天象也並不特別重要。在後世的《易經》研究中，不少人認為《易經》卦爻辭雖未直接言及天象，但是卻隱含著對天象的描述。聞一多先生對此做了深入的研究，本節即對聞一多先生的研究作一介紹。

首先是乾卦。乾卦的卦爻辭都沒有明顯說到天象，可是乾卦在《易經》系統中居於六十四卦之首，是天的代表，因

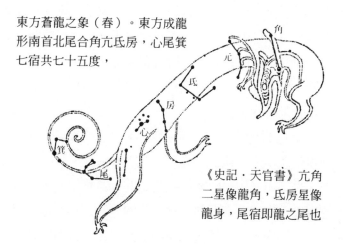

東方蒼龍之象（春）。東方成龍形南首北尾合角亢氐房，心尾箕七宿共七十五度，

《史記·天官書》亢角二星像龍角，氐房星像龍身，尾宿即龍之尾也

圖1-2 東方蒼龍

而應該與天有較密切的關係。不少學者對此做過探討，而關於乾卦與天象的聯繫，聞一多作了最明確的論述。他認為乾卦的整體是北斗星的表徵，而乾卦各爻則描繪了東宮蒼龍所代表的龍馬，拉著帝車在天空運行。在他所撰的《〈周易〉義證類纂》（載於《十家論易》）❷中對此作了論證。首先他對乾卦是北斗星的表徵作了論述，其理由有四：

（1）乾字本當為「幹」字，幹是旋轉的意思，北斗星始終繞天北極旋轉，且四季可見，古人想像天隨斗轉，以北斗為天之樞紐。因而用這一天空最明亮的星組，作為天體之象徵，是很自然的。

（2）乾字，商字，晶字，在籀文（即大篆）寫法中，均從日字。而商為古代星名，晶為古代的星字，從而推論乾也很可能是一組星名，如果是星名，那就是北斗星之專名。

（3）他引《易緯‧逸象》說乾為旋，旋與幹同義，而北斗七星也隨天旋轉。《史記‧天官書》說：「北斗七星，所謂旋璣玉衡，以齊七政。」因而北斗星也以旋轉為其特徵，所以，乾是北斗星的論斷得到證實。

（4）他引《說卦傳》言：「乾，西北之卦。」而戰國以來，天官家謂天庭在崑崙山上，則北斗當中國之西北隅，這一論證或許與中國古代天傾西北的傳統說法相關。

聞一多在闡述乾卦代表北斗星之後，又據乾卦諸爻辭多用龍，即初九為潛龍，九二為見龍在田，九四或躍在淵，雖未直接說龍，但也與龍有關。九五飛龍在天，上九六龍，北斗星與龍角的用九見群龍無首。只有九三爻未言及龍。由此提出乾之六爻為東宮蒼龍星之行蹤，其論證亦有四：

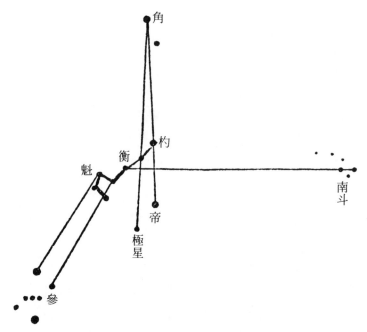

圖1-3　北斗星與龍角的相對位置

（圖上面兩顆星就是東方蒼龍的首宿、角宿二星，大的
是角宿一，下面一點小的是角宿二。）

（1）古代甘德、石申所著《星經》，明代程榮纂輯的
《漢魏叢書》中所載《通占大象曆星經》，即署漢甘公、石
申著，說：「角宿，蒼龍角也。南，左角，名天津，蒼色。
北，右角，為天門，黃色。中間名天關，左主天田，右主天
祗。凡日、月、五星皆從天關行。《史記・天官書》索引引
石氏曰：「龍星左角為天田。」《封禪書・正義》引《漢舊
儀》亦曰：「龍星左角為天田。」《唐開元占經》卷六十
說：「角二星，天關也，其間天門。左角為天田，為獄，為

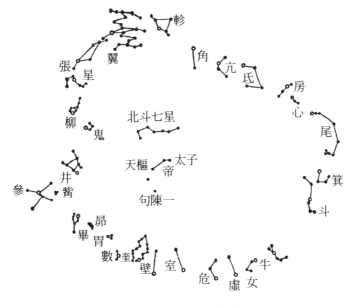

圖1-4 二十八宿星象略圖

（可由此圖看到「蒼龍」在二十八宿中的位置，也可以
看到它與北斗的相對位置，後面所論星宿亦可參閱此圖
了解其在星空的相對位置。）

理，主刑，右角為尉，為將，主兵。」又《唐開元占經》卷
六十九《甘氏中官占》中有天田星占四十二，載甘氏曰：
「天田二星在右角北。」甘石《星經》也載有：「天田二
星，在角北，主天子畿內地。」聯繫乾九二爻辭：「見龍在
田」，此即指天田星。左角即角宿一，即名天田者，在黃道
南，是室女座 α 星。右角即角宿二，為室女座 β 星，在黃道
北。而甘氏中官的天田二星在右角北，即更在黃道以北。此
天田二星與角宿二星經度相差不多。因而角宿或角宿附近的

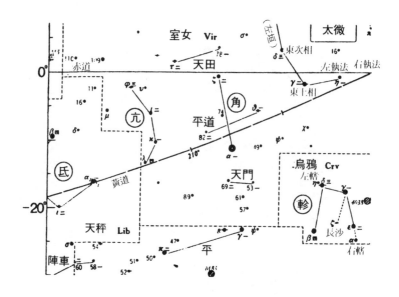

圖1-5　角宿及其附近星

天田星，都可能是「見龍在田」的「田」。「見龍在田」指角宿春分時已升起在地平之上，人們能觀測到。聞一多引《說文》「龍……春分而登天，秋分而潛淵」以證。

（2）龍星的角在室女座，龍的主體則在天蝎座。兩者在經度上相差約三小時，龍角先見，約隔一個半月，才見到龍體。所以在春夏之交，天蝎座在黃昏後才在東南方地平線上出現。

聞一多說：「蒼龍之星即心宿三星（屬天蝎座），當春夏之交，昏後升於東南，秋冬之交，昏後降於西南。」他引《後漢書‧張衡傳》寫道：「夫玄龍，迎夏則陵雲而奮鱗，樂時也；涉冬則淈泥而潛蟠，避害也。」以證明秋分後，角宿已沒入地平線，龍體已接近西方地平線，正是九四爻辭所

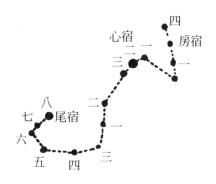

圖 1-6 「蒼龍」身體及尾部

描述的「或躍在淵」。而秋冬之交，代表龍體的天蝎座（房心二宿）也沒入地平線，正是初九潛龍的景況，而九五飛龍在天，正是春分後天蝎座自地平線冉冉上升，直到中天的景象。可能上九亢龍，則是天蝎座已過中天的景象。

（3）他對「用九，見群龍無首」的解釋則稍為複雜。他首先將群讀為卷，卷為卷曲，故群龍即卷龍。而龍之體應以卷曲為正常，如龍體亢直則為不正常，故亢龍有悔，卷龍為吉。《天官書》說：「東宮蒼龍，房心。心為明堂，大星天王，前後星子屬，不欲直，直則天王失計。」即說龍欲曲而不欲直。

聞一多又引《史記·蔡澤傳》：「澤說應侯曰：《易》曰『亢龍有悔』，此言上而不能下，信（伸）而不能屈，往而不能自返者也。」又引賈誼《新書·容經》篇：「『亢龍』，往而不返，故曰『有悔』，悔者凶也。」可見亢是往而不返，即龍星已偏中天，直向西落，往而不返。同時亢也

是只能伸不能屈，只能上而不能下，這雖然主要是用以比喻人事，但也有天象的意義。秋天天蠍座在天上特別顯眼，似更為伸展，但這時龍星已逐漸西落，故亢龍有悔。

至此，當更進一步交代卦與爻各表不同天象之理由，聞一多認為其理由亦有四。

（1）卦爻兩辭，本非出自一手，成於一時，故卦表北斗，爻表蒼龍並非不可能。

（2）同為蒼龍體的房星也名天駟或天馬。而《天官書》又說「斗為帝車」，因而將馬與車聯在一起也是很自然的。

（3）《天官書》又說「杓攜龍角」，《集解》引孟康曰：「杓，北斗杓也。龍角，東方宿也，攜，連也。」即說北斗星的斗柄與角宿相連。實際上是北斗斗柄兩星，即開陽（北斗第六星）和搖光（北斗第七星）與角宿一（即室女座 α 星）相聯結的直線。角宿一至開陽直線延伸至北極星（小熊座 α）；角宿一至搖光直線則延伸至帝星（小熊座 β）。而斗柄也就是車槓，龍馬套上車槓，形象地描繪了帝車。

（4）《漢書·郊祀志》寫道：「以牡荊畫幡，日月北斗登龍以象天一。」王先謙《補注》曰：「北斗登龍，即所謂北斗七星，杓攜龍角也」。漢朝制幡將北斗與登龍畫在一起，保留了古代以來的星占學內容，證明乾卦星象的表示有很古的淵源。

聞一多就乾卦卦爻辭和星象關聯做了廣泛而深入的引證，對乾卦的本質有所闡發而被多所引用。

聞一多先生除對乾卦與天象做了研究外，還對《易經》

第三十八卦睽卦做了研究。睽卦卦爻辭中亦無涉及天文之詞，但他對睽卦上九爻辭：「睽孤，見豕負涂，載鬼一車，先張之弧，後說之弧，匪寇婚媾，往遇雨則吉。」他認為此處隱含了三個星組，即奎宿、鬼宿和弧星的星象。描述奎宿的辭是：「睽孤見豕負涂，往遇雨則吉」。而描寫鬼宿和弧星的辭是：「載鬼一車，先張之弧，後說之弧，匪寇婚媾。」為此聞一多首先認為這一條爻辭要重新排列一下：「往遇雨則吉，排在『見豕負涂』之後」。

他從《詩經・小雅・漸漸之石》篇得到啟發。《漸漸之石》描寫了出征的戰士已是山川險阻又遇上大雨，艱辛備嘗。其中遇上大雨的辭說：「有豕白蹄，烝涉波矣，月離於畢，俾滂沱矣。」意謂見到一群白蹄子的豬，正在趟水過河，又見到月亮附麗在畢宿附近，就要下大雨了。

月亮在畢宿和看到豬趟水就要下雨，這是古代人們的經驗，且兩者皆為天象。《漢書・天文志》說「月去中道，移而西入畢則多雨，故《詩》云：『月離於畢，俾滂沱矣』，言多雨也。」至於「豕涉波」則可能指奎宿。《史記・天官書》說：「奎曰封豕，為溝瀆。」《漢書・天文志》說：「奎曰封豨，為溝瀆。」《晉書・天文志》說：「奎，一曰天豕，亦曰封豕，又主溝瀆，西南大星，所謂天豕目。」即奎宿於星象為豬，又為溝瀆。

所以，聞一多引《述異記》說：「夜半天漢中有黑氣相連，俗謂之黑豬渡河，雨候也。」又引《御覽》卷十引黃子發《相雨書》曰：「四方北斗中無雲，惟河中有雲，三枚相連，如浴豬豨，三日大雨。」這些都與《漸漸之石》所說吻

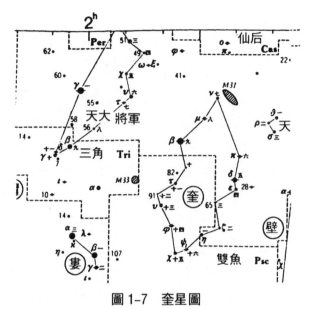

圖 1-7　奎星圖

（上面仙后座處是銀河，本圖未能顯示）

合。按奎宿跨仙女和雙魚兩星座，奎宿共 16 星，其一至九星在仙女座中，奎九星亦稱奎大星，為仙女座 β 星，即奎宿西南大星天豕目者，是顆二等亮星。其十至十六星在雙魚座，奎宿最北端的奎宿七星緊靠仙女座大星雲（M31），又奎宿正在銀河邊，靠近仙後座，因而河中有雲，指黑氣在河邊，正是「黑豬渡河」，或「如浴豬豨」之象。

　　聞一多進一步認為，「豕涉波而為雨象者，雨師名屏翳，又作馮翳，即河伯馮夷，而馮夷實又封豨之轉，是屏翳即封豨，而雨師即豕，故傳說豕涉波為將雨之象也。」

　　至於後一半爻辭中之「載鬼一車」，認為是輿鬼星。《史記・天官書》說：「輿鬼，鬼祠事，中白者為質。」

《晉書‧天文志》載：「輿鬼五星，天目也，主視，明察奸謀，中央星為積尸，主死喪祠祀。一曰鈇鑕，主誅斬。」輿鬼即鬼宿，周邊四星，中間一星白色為質星，《唐開元占經》引石氏說鬼宿：「中央色白如粉絮者，所謂積尸氣也。一曰天尸，故主死喪。」因此，鬼宿周邊四星如車象。輿，載也。中間積尸氣謂鬼。所以說「載鬼一車」。

按輿鬼五星，在巨蟹星座中，位於黃道北。其周邊四星為巨蟹座 θ、η、γ、σ，中央積尸氣為巨蟹星團 M44。其最亮者為鬼宿四星，即 σ 星，為 4.17 等。其餘者是五等以下的暗星。

此爻辭中還說到弧星，弧星古亦稱弧矢，現列於井宿。《唐開元占經》卷六十八，弧星列為石氏外官第二十八，石氏說：「弧九星在狼東南。弧星者，天弓也，以備盜賊。」弧星在天狼星東南，弧星的矢正對著天狼。按弧九星分布在大犬座和船尾座中，在大犬座的是弧矢一、二、七、八諸星，在船尾座的是三、四、五、六、九諸星。天狼星也在大犬座。為大犬座 α 星，是恆星中目視最亮的，星等為 1.98。弧矢一星為大犬座 σ，是顆 1.98 等的亮星。弧矢二是大犬座 η，2.43 等星；弧矢七為大犬座 ε，1.63 等星。弧星、天狼，延伸至參宿 α（參左肩）為一直線，《唐開元占經》卷六十三引郗萌說：「弧射狼，誤中參左肩，輿尸於鬼，鬼之言歸也。」參星對應七將，左肩為左將，又主兵事，弧星誤中，致有死傷，將尸體載於鬼宿車中，故「載鬼一車」。

此說有其星占學上的傳說為據。爻辭說：「先張之弧，後說之弧，匪寇婚媾。」按高亨說其義謂先張弓備射，以為

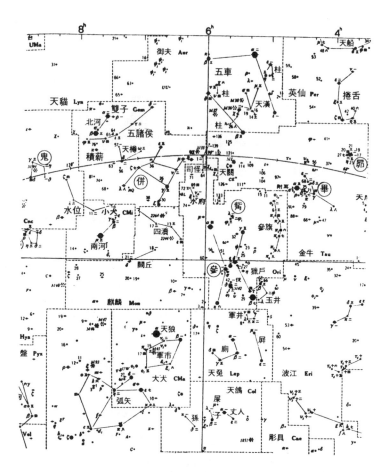

圖1-8　弧矢（左下）天狼參左肩（參宿五）鬼宿（左上）
　　　　和畢宿（右中上）的位置圖

是盜寇，後知為婚嫁，乃將弓放下。

　　此外，聞一多還對《易經》第五十五卦豐卦九三爻辭做
了解說，「豐其沛，日中見沬。」他認為沛與旆可互借，沬
當讀為彗，旆是一種長旗，長達一丈六尺。旆之為旗長而垂

梢，彗星之狀似之。因而他以為這一爻辭描述了彗星的星象。

當然從卦爻辭中推論出一些隱含的星象，終究只是研究的推斷，而不能是實指。所以只能是一家之言。但由於其推斷的星象與《易經》時代可見的星象很吻合，所以有重要的參考價值。

三、《易經》卦爻辭中的記日方法

《易經》第十八卦蠱卦卦辭：「元亨。利涉大川，先甲三日，後甲三日。」意思是占得此卦可以舉行大型祭祀，可以渡越大河。但要在甲日前的三日辛日和甲日後的三日丁日。不過李鼎祚《周易集解》引《子夏傳》云：「先甲三日者，辛壬癸也。後甲三日者，乙丙丁也。」又引馬融說：「甲在東方。艮在東北，故云先甲；巽在東南，故云後甲。所以十日之中惟稱甲者，甲為十日之首，蠱為造事之端，故舉初而明事始也。言所以三日者，不令而誅謂之暴，故令先後各三日，欲使百姓遍習，行而不犯也。」

按《子夏傳》的說法，是甲前之三日和甲後之三日均可祭祀和渡越大河。但馬融所說之先甲，當是指本旬上一旬（一旬十日）的三天和本旬之下一旬的三天。所以言先甲後甲，乃是前一個甲和下一個甲。甲是十日之首日，以旬首之甲與蠱代表事之開端對應起來。

無論對卦辭作何解釋，「先甲三日，後甲三日」都只是顯示了古代一種記錄日序的方法。按《尚書·堯典》言：

「期三百六旬又六日，以閏月定四時成歲。」即說一年有366日（應是365.25日），以加置閏月的方法，使月份與季節配應而成一年的曆法。在這一曆法的框架之下，採用干支法紀日。

根據甲骨刻辭，知商代即已用此紀日法。此種紀日法之初始階段可能是單用十干：甲乙丙丁戊己庚辛壬癸；或是單用十二支：子丑寅卯辰巳午未申酉戌亥來紀日。但很快就發展為以干和支組成的干支對來紀日，俗稱花甲子紀日。干和支一共可組成六十個干支對，故一個干支周為六十日。於是一年共有六個干支周，得360日，還餘六日（實際上是5.25日）。每一個干支周分為六旬，每旬十日。每旬以甲開頭，而有甲子旬，甲戌旬，甲申旬，甲午旬，甲辰旬，甲寅旬，古稱六甲。此將六甲列表於下：

表1-1　六甲干支表

甲子旬：甲子，乙丑，丙寅，丁卯，戊辰，己巳，
　　　　庚午，辛未，壬申，癸酉；

甲戌旬：甲戌，乙亥，丙子，丁丑，戊寅，己卯，
　　　　庚辰，辛巳，壬午，癸未；

甲申旬：甲申，乙酉，丙戌，丁亥，戊子，己丑，
　　　　庚寅，辛卯，壬辰，癸巳；

甲午旬：甲午，乙未，丙申，丁酉，戊戌，己亥，
　　　　庚子，辛丑，壬寅，癸卯；

甲辰旬：甲辰，乙巳，丙午，丁未，戊申，己酉，
　　　　庚戌，辛亥，壬子，癸丑；

甲寅旬：甲寅，乙卯，丙辰，丁巳，戊午，己未，
　　　　庚申，辛酉，壬戌，癸亥。

　　如果簡單一點說，將甲子、甲戌等日稱為甲日，乙丑、
乙亥等日稱為乙日，丙寅、丙子等日稱為丙日。因此先甲三
日可以理解為甲日前第三日，亦可理解為甲日前的三日，還
可理解為上一個甲旬的三天。後甲三日亦可理解為甲日後之
第三天，或甲日之後的三天，更或下一個甲旬的三天。

　　用這種方法紀日，只能反映太陽曆的內容。一年整數是
三百六十天，餘五天多另作處理。作這個處理的方法，由於
用了太陰月（即朔望月）而趨複雜。每一個太陰月是從月朔
到月朔（或從望到望），每月約 29 天半稍多，故每個月或
30 日（大月）或 29 日（小月）。一年一般置十二個朔望
月。十二個朔望月有 354 天，比一年 365.25 日相差約 11 日
有餘。為此古人以加置閏月的辦法來調整月份與季節的物候
對應。於是這種干支紀日法的六個甲子周讓位於一年 12 個
月的曆法安排，使得古代曆法具有陰陽合曆的特色，即既有
根據太陽運行制定的陽曆，又有根據月亮運行而制定的陰
曆，兩者結合在一起，使曆法的功能大大提高，至今仍不失
其光輝。

　　《易經》的第二十四卦復卦，就進一步說到這一點。復
卦卦辭說：「亨，出入無疾，朋來無咎，反覆其道，七日來
復，利有攸往。」卦辭的意思是如若占得此卦，可以舉行亨
祭，通達，出門或居家均無疾病，朋友來不會出現什麼麻
煩，出行則往返於途中，七日可以一個來回，有所往則有所
利。《彖辭》對「反覆其道，七日來復」的解釋是「天行

也」，即認為七日是天道循環往復的一個周期，為什麼是七日，或者是七這個數，後來的《易傳》做了探討。

但眼下我們要指出的是，如果七日是一個周期，那麼，前面所引馬融的說法就不符合原意了。因為它把先甲、後甲與方位以及六甲旬首聯繫起來，這就不是指七日的周期了。但是，復卦卦辭並沒有說先甲後甲，而是蠱卦《彖辭》說：「『先甲三日，後甲三日』，終則有始，天行也。」重要的是這裡說到了周期的話頭，但這是《彖辭》的注解，不是蠱卦卦辭自身的說明。

不過可以看出《易經》時代，人們已在探索時間周期，特別是對終而復始，往返來復的周期性與易卦六爻的演變聯繫起來。從而用七個數字來表示一種天的運行周期的思想，並在《易經》每卦六爻的推演中體現。

以下可看到，在《易經》中，還有兩處七日之說。這兩處七日來復與復卦的七日一復似有關聯。一處是第五十一卦震卦的六二爻，其辭為：「震來厲，億喪貝，躋於九陵，勿逐，七日得。」還有一處是第六十三卦既濟卦的六二爻，其辭為：「婦喪其茀（大型頭巾），勿逐，七日得。」這兩條爻辭所說是同一事項，即失物可以不追尋，七日內可得回。震卦二爻爻辭說的是，有人攜帶貨幣，登九陵（高山）而去，遇巨雷，情勢危迫，其人驚慌而失其貨幣，若占得此爻，則用不著去追尋，七日後即得到。高亨以為這是一個故事，由於其占得驗，《易經》作者將此記錄下來。虞翻認為七日是由於震數七，所以有七日得之說，既濟卦六二爻辭說的是婦女，失去茀，占得此爻，亦不須追尋，七日可得，據

虞翻說這裡的七數，也是據震為七而來。

何以震數為七？據《周易尚氏學》震卦六二爻辭注說：「震為復，勿逐七日得者。」復是復卦。其於復卦卦辭注說：「陽自姤而消，消到剝上，六日，反覆則七日。自復而息，息至上，六日，反姤仍七日，循環不已，故曰反覆其道，七日來復。」其意思是說，姤卦一陰爻起於下，陰消至二即二陰爻得遯卦，依次三陰爻得否卦，四陰爻得觀卦，五陰爻得剝卦，六陰爻全陰得坤，而後第七日得一陰爻於下，是謂復卦，復卦下體為震。然後陽息至上六日，七日又返姤（一陰爻於下）。所以七日是因為得復卦而言，而復卦又是因下體為震，所以震數為七，但既濟卦是上體坎而下體離，無震象，何以仍說是震數七，《周易尚氏學》認為是有半震卦的原因，說「震為逐，半震故勿逐，七日得者，震為復數七。」

除了蠱卦的先甲後甲而外，《易經》第五十七卦巽卦也提到類似的說法，其九五爻辭說：「貞吉，悔亡，無不利。無初有終，先庚三日，後庚三日，吉。」筮得這一爻，應是所占問者吉，其悔將亡，沒有什麼不利的。行事開始時雖有點忙亂無章，但逐漸會心中有數而得良好結果。先庚三日，即庚前之丁日，後庚三日即庚後之癸日，都是吉日。這自然也是干支記日法的表示，只是不是以旬首的甲日為準，而是以庚日為準，但若考慮馬融關於先甲後甲的解說，如果甲代表東方，那麼庚正是代表西方，先甲指東北方艮地，那麼先庚當是指西南方坤位，而居於西北方的乾位就當是後庚。古代時間與方位相連接，因而馬融說也許有理，庚既非旬首不

1 甲子	2 乙丑	3 丙寅	4 丁卯	5 戊辰	6 己巳	7 庚午	8 辛未	9 壬申	10 癸酉
11 甲戌	12 乙亥	13 丙子	14 丁丑	15 戊寅	16 己卯	17 庚辰	18 辛巳	19 壬午	20 癸未
21 甲申	22 乙酉	23 丙戌	24 丁亥	25 戊子	26 己丑	27 庚寅	28 辛卯	29 壬辰	30 癸巳
31 甲午	32 乙未	33 丙申	34 丁酉	35 戊戌	36 己亥	37 庚子	38 辛丑	39 壬寅	40 癸卯
41 甲辰	42 乙巳	43 丙午	44 丁未	45 戊申	46 己酉	47 庚戌	48 辛亥	49 壬子	50 癸丑
51 甲寅	52 乙卯	53 丙辰	54 丁巳	55 戊午	56 己未	57 庚申	58 辛酉	59 壬戌	60 癸亥

圖1-9　甲骨文干支表及現在的干支表

必涉及旬外之日，此處似指旬內之日。

這裡要插上一段關於「旬」的說明，前面討論過的《易經》第五十五卦豐卦，主要討論了其六二、九三、九四爻辭，現在再對其初九爻辭稍做討論。

豐卦初九爻辭說：「遇其配主，雖旬無咎，往有尚。」筮得此爻，出行遇其女主人，一旬之內無咎，且往而得賞。一旬當為十日。但按《周易尚氏學》說：「初，居日之末，故曰旬，至旬則癸日也。後漢《鄧禹傳》，明日癸亥，匡等以六甲窮日，不出。是至旬當有咎，自古相傳如是也。」這就不是一旬之內無咎，而是旬末（稱為至旬）的癸日無咎，

而癸日是六甲窮日，《鄧禹傳》說的癸亥日，則是甲寅旬的窮日。總之，在《易經》中有了以旬為單位的記日方法。

《易經》中直接說到紀日法的還包括前述的三條「月幾望」的爻辭。按前面所說月幾望表示了滿月過後的月象，也就表示了滿月後的記日。用月象的變化來記日，實際上是太陰曆的記日方法。用月相紀日多用月初生、上弦、月望、望後之月幾望 和下弦等，但《易經》中未言及上下弦等月相，而三言月幾望，說明古人夜裡有所活動如狩獵、遠征等等大都在望附近那些月明之夜，而為了吉利，避開月食，則又多選望後之日。

《易經》卦爻辭中還有一些有關「日」的內容，由於這些內容，各家見解不一，故僅僅稍加說明。

第一個「日」即是「己日」。《易經》第四十九卦革卦卦辭說：「己日乃孚，元亨，利貞，悔亡。」其六二爻辭又說：「己日乃革之，徵吉，無咎。」對己日之解釋，高亨說「己借為祀」，故己日為祭祀之日。《周易集解》引干寶說：「天命已至之日。」即謂己為已經之已。《周易本義》說：「變革之初，人未之信，故必己日而後信。」又說：「必己日然後革之。」《周易集解》引虞翻說：「四動體離，五在坎中，故己日乃孚，以成既濟。」因此革卦上體為兌，四爻動則上體為坎而成既濟卦。對此，《周易尚氏學》認為：「是虞氏亦以離為己日，讀為戊己之己。」即以己為己日，為日名。如果己日為己日，則說明《易經》時代以干記日十分普遍，具有記日與卦作某種對應的趨勢。

第二個「日」是「晝日」，《易經》第三十五卦晉卦卦

辭說：「康侯用錫馬蕃庶，晝日三接。」高亨認為這個卦辭說的是西周初年，武王之弟康叔與敵一日三次戰鬥都得勝利的故事，《周易集解》引虞翻說：「離日在上，故晝日，三陰在下，故三接矣。」這是從卦象上說，因晉卦上體離而下體坤，離為日居坤卦之上，故說是晝日，下體坤為三柔爻，故說三接，而其它解釋也從卦象上說。聞一多《周易義證類纂》則說，「晝日猶一日也」。又云，「一日謂之晝日，猶一年謂之周年。」高亨未對「晝日」專門注解，而虞翻從卦象「離日在上」謂晝日，則說晝日為白天，與黑夜對，聞一多以為晝日即一整日，看來晉卦為日在地上，當有晝義，如果晝日為一整天，則意謂著《易經》時代尚未有一晝夜為一日的明確理解，但晉卦之用晝日，實已說明其時已有晝日與夜日之分的明確認識。

【註　釋】

❶　徐振韜：《中國古代太陽黑子研究與現代應用》，南京大學出版社，1990年第一版。

❷　蔡尚思主編《十家論易》，岳麓書社1993年第一版。

第二章
《易傳》所描述的天文曆法

《易經》六十四卦，每卦六爻，卦有卦辭。（乾坤兩卦還各有「用九」、「用六」一條）爻有爻辭。《易傳》為解經之作，原來都是單列，排於《易經》之後。大約是在漢代將《彖傳》和《象傳》分列於六十四卦，《文言》分列於《乾》、《坤》兩卦，《繫辭》、《說卦》、《序卦》、《雜卦》仍單獨成篇，列於《易經》之後。

為了敘述方便，就依照《易傳》的這般排列方法，分兩節敘述其中所涉及的天文曆法的內容。前已說明，《易傳》中有關天文曆法的情況，已是春秋戰國時代，而非當「殷之末世，周之盛德」時代的情況。

一、《彖》、《象》、《文言》之天文曆法

（一）關於乾坤兩卦《彖》、《象》、《文言》之天文曆法內容

乾卦《彖辭》說：「大明終始，六位時成，時乘六龍以御天。」李鼎祚《周易集解》引侯果說：「大明，日也。」因而日出日沒是謂「大明終始」。六位，從空間而論是指上下四方。天地四方之間，古人也稱為六合。「六位時成」應

是指天地四時，即太陽在天空的運行而構成四時的變化。而「時乘六龍以御天」，高亨《周易大傳今注》說：「上古神話：日行於天空，乘車，車上駕六龍，其母羲和御之。《彖傳》借用此神話，言日駕六龍以時運行於天空，故曰：時乘六龍以御天。」但是侯果認為是：「乾乘六氣而陶冶變化，運四時而統御天也，故曰『時乘六龍以御天』也。」這六龍亦象徵卦之六爻。《周易集解》引荀爽說：「六爻隨時而成乾。」侯果說：「六爻，效彼而作也。」意謂效天地四時而為六爻。觀此可知《彖傳》對乾卦之為天的解釋，與《易經》大有差別。

如果前章所引聞一多先生對《乾》卦的研究符合《易經》本義，那麼就說明了《易經》乾卦只是描繪了天的圖景，而《彖傳》卻用太陽出沒及其在天空的運行與四時變化

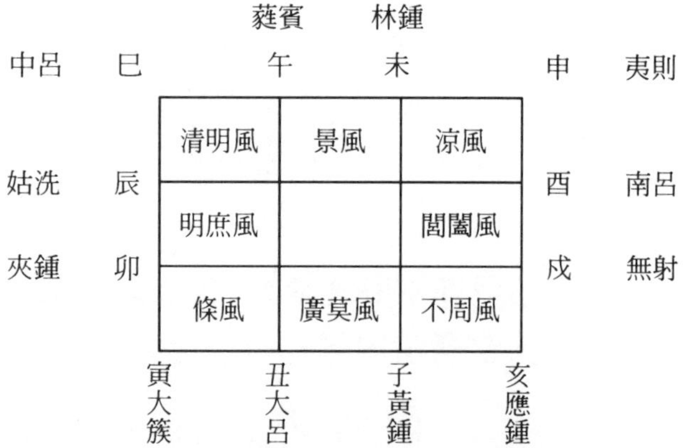

圖2-1　《史記·律書》八風音律與月份圖

（圖中最外層是十二律，往內數第二層為十二支，既代表方位，也代表月份。九宮填的是八風，中央那一格空白）

方面來描述乾卦所表示的天。從天的圖象進而敘述了天的功用，所以說「大哉乾元」。更進一步引發了哲學性的論說：「乾道變化，各正性命，保合太和，乃利貞。首出庶物，萬國咸寧。」意謂天道如此，人及萬物皆受天道變化的支配，因而應該遵循此變化，而作出適當的安排。

似乎應當指出，「大明」也相應地包括了月亮，因為月亮是夜間最明亮的天體，古人對其運行情況的關注並不亞於太陽。由於太陽光芒強烈，遮掩了其周圍天空背景星象，難以直接準確觀測太陽在天空的位置。人們正是透過對月亮運行認真細微的觀測，精密地確定了天空背景星宿體系，所謂二十八宿。從而使得人們更為精確地掌握太陽在天空的運行狀況，建立更為精密的曆法體系。所以古人稱太陽和月亮為天之兩儀。張衡在其《靈憲》中就說：「天有兩儀，以舞道中。」

中國古代的曆法是陰陽合曆，其中最主要的一個內容就是定月份，而月亮正是定月份的主要角色。從而定四時與月份的對應，月亮也是不可或闕的參與者。所以《乾鑿度》說：「日月終始萬物。」

《文言》中有一段關於乾卦的描述，是基於其陰陽氣升降觀點，將六爻與節氣月份，從而也與日月在天空的運行聯繫起來：「『潛龍勿用』，陽氣潛藏。『見龍在田』，天下文明。『終日乾乾』，與時偕行。『或躍在淵』，乾道乃革。『飛龍在天』，乃位乎天德。『亢龍有悔』，與時偕極。乾元『用九』，乃見天則。」王弼說此一章全以天氣明之。（唐・李鼎祚《周易集解》《文言・乾卦》）

高亨認為：「《文言》似將一年十二月分配於六爻，每爻占兩月。乾卦之六個陽爻循位次而上升，乃象天之陽氣循時序而上升，龍之活動則以陽氣上升為轉移，故各爻爻辭又代表天道四時之變化。」❶因此《文言》將陽氣、爻位、月份三者作出對應。陽氣似乎就是前述之六龍，高亨認為龍是一種活物，但其活動以陽氣之上升為轉移。由此再返看「時乘六龍以御天」之說，六龍就是陽氣的六種狀態，將此六種狀態與太陽月亮的運行狀態作確定的對應就是六龍御天。當然六龍也可以是其活動受陽氣上升支配的動物。而《文言》的這一段就是詳細描述六龍御天的情況。

「潛龍勿用」是乾卦初九爻辭，《文言》說這時「陽氣潛藏」。《周易集解》引何妥說：「當十一月，陽氣雖動，猶在地中，故曰潛龍也。」《象傳》也說：「『潛龍勿用』，陽在下也。」即乾卦初九為陽爻，居整個乾卦之下位，而陽爻象龍，故說「潛龍」。

高亨也說：「初九陽爻在下，象陽氣藏於地下。此時約當周曆之正月二月，夏曆之十一月十二月龍潛於水中而不動。」此處之龍，據其說龍之活動則以陽氣之上升為轉移，因而是受陽氣消長制約的動物。

這裡要說一下周曆和夏曆。戰國時期是曆法確立和制定時期，當時使用的曆法載於《漢書・藝文志》，史稱古六曆，指黃帝曆、顓頊曆、夏曆、殷曆、周曆、魯曆。上說的周曆和夏曆就是這古六曆中的兩部。古六曆都是四分曆法，即一回歸年皆為 $365\frac{1}{4}$ 日；19 年共有 235 個朔望月，即十九年加置七個閏月；每一朔望月平均為 $29\frac{499}{940}$ 日。只是各曆法

的曆元不同。

　　所謂「曆元」，就是確定一年的起始點。古六曆或以冬至或以立春為一歲之始，平朔為一月之始（平朔是據一朔望月的平均日數來確定的交朔時刻，不是實際的合朔時刻），夜半為一日之始。從現時往前推，找到過去時期冬至或立春與平朔同在夜半的那一天，叫它為「曆元」。

　　理想的「曆元」，是冬至（或立春）與平朔同時在甲子日的夜半。當時《周曆》的「曆元」是以冬至，平朔在同一天的夜半，而《夏曆》的「曆元」是以立春，平朔在同一天的夜半。當時一年有十二個朔望月，以正月、二月，三月為春，四月、五月、六月為夏，七月、八月、九月為秋，十月，十一月，十二月為冬。

　　每季第一個月稱「孟」，第二個月稱「仲」，第三個月稱「季」。故有「孟春正月」、「九月季秋」等等稱呼。在每一個朔望月內，以合朔的一天稱為「一日」，或稱「朔日」。每月的最後一天稱為三十日（或二十九日），也稱「晦日」，日期除以數序一日、二日、三日……稱呼外，還用干支對如甲子、乙丑等作為日名。同時亦用地支名月，將冬至所在的那個月（於數序為十一月）稱為子月，在子月之後的十二月稱為「丑月」，十二月後的次年正月稱為「寅月」等等，如此直到十二支的最後一個支亥，即將次年的十月稱為亥月。

　　亥月位於子月逆方向計數的前一個月，再前一位的九月就是戌月等等。由於《周曆》以冬至為「曆元」，故說「周曆建子」，而夏曆以立春為「曆元」，故說「夏曆建寅」。

子月（即十一月）與寅月（即正月）正相差兩個月。所以周曆之正月二月，即夏曆之十一月十二月。

春秋戰國時期有一種「三正論」，「夏正建寅，殷正建丑，周正建子」，即是指此而言。

錢寶琮在其《從春秋到明末的曆法沿革》❷中辨明「事實上建寅、建丑、建子是春秋戰國時期不同地域的曆日制度，不應該看作是三個王朝改變正朔的事實。」

再看《文言》對乾卦九二爻辭「見龍在田」的說明。《文言》說這時「天下文明」。《周易集解》說：「陽氣上達於地，故曰『見龍在田』。百草萌芽孚甲，故曰文明。」又引孔穎達說：「先儒以為九二當太簇之月，陽氣見地。」太簇是音律名。古人認為：「天地之氣合以生風，天地之風氣正，十二律定。」（《漢書‧律曆志》上）即各種不同的風，對應不同的音律。如果風氣正常，則每月的風對應一種確定的音律。月份與其對應的音律表列於下：

表2-1　月份支名及相應音律、物候表

十一月	子月	律中黃鍾	陽氣在泉，滋萌萬物
十二月	丑月	律中大呂	萬物發芽，紐曲向上
正　月	寅月	律中太簇	陽氣漸盛，萬物出地
二　月	卯月	律中夾鍾	萬物叢生，遍布大地
三　月	辰月	律中姑洗	陽氣升發，萬物潔齊
四　月	巳月	律中仲呂	萬物生長，一片茂盛
五　月	午月	律中蕤賓	陽氣至極，陰氣繼養萬物
六　月	未月	律中林鍾	萬物長大，覆蔽大地

七　月　申月　律中夷則　陰氣漸強，萬物堅剛。萬物亦開始有傷

　八　月　酉月　律中南呂　陰氣已盛，萬物成熟

　九　月　戌月　律中無射　萬物收割完畢

　十　月　亥月　律中應鍾　陰氣盛極，萬物畢藏

　由此可知，孔穎達說「九二當太簇之月」即九二對應於正月，這時陽氣漸盛，萬物出地。高亨以為「此時約當周曆之三月四月，夏曆之正月二月。草木始生，大地成文繡而光明，龍亦出現於田野。」從前述龍潛於水中，此處龍升出水面而見於田野來看，龍應是一種活動受陽氣消長支配的動物。

　《文言》對九三爻辭「終日乾乾」下注云：「與時偕行」。《周易集解》引何妥說：「此當三月，陽氣浸長，萬物將盛，與天之運俱行不息也。」又引孔穎達說：「九三為建辰之月。」高亨說：「此時約當周曆之五月六月，夏曆之三月四月。草木與時俱長。君子終日乾乾，亦與時並進而不息。」

　乾卦九四爻辭「或躍在淵」，《文言》說：「乾道乃革。」《周易集解》引何妥說：「此當五月，微陰初起，陽將改變，故云乃革也。」從陰陽觀點說，陽至巳巳盈，至午始消。此時陰氣開始起作用，陽氣則從原來上升興盛的狀態轉向逐漸消落的狀態，所以說「乾道乃革」。所以何妥說：「此當五月，微陰初起，陽將改變，故云乃革也。」高亨說：「此時約當周曆之七月八月、夏曆之五月六月，由暖而熱，天道乃變，龍有時躍入淵中，以避熱氣。」此處所言之

龍仍當為受陽氣升降而作出相應活動的活物。

乾九五爻辭「飛龍在天」，《文言》說「乃位乎天德」。《集解》引何妥說：「此當七月，萬物盛長，天功大成，故云天德也。」意謂萬物至秋已趨成熟，天之德至此已見其功。高亨說：「此時約當周曆之九月十月，夏曆之七月八月，草木長成，天德之功已成，龍飛於天空。」

乾上九爻辭是「亢龍有悔」，《文言》則說「與時偕極」。《周易集解》引何妥說：「此當九月，陽氣大衰，向將極盡，故云偕極也。」意謂陰曆九月，陽氣衰竭，草木亦將凋謝，即說陽氣與萬物都將應時衰盡。高亨說：「此時約當周曆之十一月十二月，夏曆之九月十月，陽氣由極盛而衰，草木亦由極盛而衰，龍亦由亢而有悔，皆是與時偕極。」

最後《文言》說：「乾元『用九』，乃見天則。」《周易集解》引何妥說：「陽消，天氣之常，天象法則，自然可見。」陽氣由潛而至盛。又由盛而至衰，這是正常的天氣變化，這種正常的變化是自然可見的，這就是天象法則。

高亨說：「用九是乾卦六個陽爻之綜合，六個陽爻循位次上升，象陽氣循時上升，故用九可以體現天則。」也是說乾卦各爻之遞變，反映了陽氣隨時的變化，從而也反映了萬物的生長化收藏的變化。這正體現了天的律則。因而天象既是陽氣消長的標誌，也應是陽氣消長的動因。但由於當時天文學尚處於初級階段，尚不能明確具體地對此作出說明，因而《易傳文言》對陽氣消長的動因未及細論。

《易傳》認為坤卦象地，強調它順承於天。如《象傳》

說：「至哉坤元，萬物資生，乃順承天。」即是說地順承天道之變化，以生養萬物。《文言》也說：「坤道其順乎，承天而時行。」意謂地隨著天之運行而順四時之變化，地上的萬物從而歷經生長化收藏之遞變。

總之，坤的生養萬物，四時氣候物候的推移，悉由坤順承天而來。由此《文言》稱：「坤至柔而動也剛，至靜而德方。」或許由於坤之承順，因而坤有柔性。《周易集解》引荀爽說：「純陰至順，因而坤柔。」但是坤也承天而行，順天而動。其動表現為順天行而有萬物隨四時之變化，故說其動也剛。高亨說：「地永遠順承天，是其德之至柔。地之運動（非地體運動）是生養萬物，有永恆之規律，是地之運動之剛。」地之柔順，實由於與天行之剛健相對立而得出的觀念。因為由天之運動且循環往復，不僅認為天動而且認為天道圓。而相對於天的運動，不僅認為地的靜止，而且還得出地道或地德為方的觀念。高亨認為：「地之山陵、原野、江河、湖海等皆不移位，不能旋轉，因而謂地道方或地德方（非謂地體方）。」即以方與靜止有某種關聯。

由上述可知，《易傳》建立了一種天動地靜，從而得出天圓地方的觀念。

天動地靜實際上是以地為中心，或者更進一步說是以人為中心，即以觀測者為中心的宇宙直觀景象。這一基本直觀決定了中國古代宇宙觀的根本性質及其特徵。由此又推演出各種古代的宇宙結構理論。

例如，晉代虞喜的《安天論》說：「天確乎在上，有常安之形，地魄焉在下，有居靜之體。」而由天動地靜直接得

出的天圓地方的宇宙觀念，是古代蓋天說宇宙論的早期觀念。如《晉書·天文志》引《周髀》云：「天圓如張蓋，地方如棋局。」《周髀算經》直接就說「方屬地，圓屬天，天圓地方也」。即是對此天動地靜的宇宙觀點的直接引用。

（二）其他各卦《彖》、《象》中的天文曆法

本節討論《彖》、《象》兩傳對各卦注解中的天文曆法內容。

首先討論《易經》排在第六位的訟卦。訟卦之上體為乾，下體為坎，主爭訟。《象傳》關於訟卦說：「天與水違行，訟。君子以作事謀始。」《周易集解》引荀爽說：「天自西轉，水自東流，上下違行，成訟之象也。」這一對天和水的描述，也是觀測者的直觀景象。

當時人們觀測的天空，是天上星體諸如日月星辰都是東升西落地從東到西運行。當時尚不可能知道這一現象是地球自轉的反映，僅僅認為是天體向西運轉。同時生活在中國這方土地上的觀測者，觀測到大地上的主要河流皆自西向東流，這是由於中國整體上的地形是西北地勢高，而東南地勢低。這樣就形成了天與水違行的情況。

《易傳》從訟卦卦象上乾下坎，因乾為天，坎為水，故上天下水，描述了這個符合中國實際的天地大勢，並由此推而至於人事，若人與人相背而行，必然意見不一，相互發生爭訟。《象》辭提醒，君子觀此卦象及卦名，行事就要多所注意，特別事先要做好考慮和謀劃，避免發生爭端，故說「君子以作事謀始」。

對於天與水違行的這一天地格局，古代人們的解釋分為兩種傾向，一種是《易傳》類型的解釋，著重於哲學方面，不是關注於事物之本質的說明，而是注重於「天道」和「地道」的說明，例如《逸周書·武順》篇就說：「天道尚左，日月西移。地道沿右，水道東流。」這與《象傳》的「天與水違行」之說相合。但還有一類解釋，則比較關注事物本質的解釋，例如《淮南子·天文訓》就是用一個神話來說明天水違行的本質，其神話就是著名的共工撞不周山，「天柱折，地維絕，天傾西北，故日月星辰移焉，地不滿東南，故水潦塵埃歸焉。」雖然形式是玄虛的，但其用意是要說明這種天水違行的天地格局的成因。

其次要探討的是《易經》排在第二十二位的賁卦。《序卦傳》說：「賁者，飾也。」凡飾物必有雜色文采，所以賁卦主要說飾物文采方面的事。《象傳》對賁卦的注釋對此加以發揮，說：「剛柔交錯，天文也。文明以止，人文也。觀乎天文，以察時變，觀乎人文，以化成天下。」

古代天文家認為，宇宙間充滿元氣，宇宙間的一切均為元氣所生。《淮南子·天文訓》說：「宇宙生氣，氣有涯垠，清陽者薄靡而為天，重濁者凝滯而為地。」天地亦各為元氣所構成。天氣為陽，地氣為陰。天上兩個最明亮的天體太陽和月亮，也是一陽一陰，張衡在《靈憲》中就有「日者陽精之宗」和「月者陰精之宗」的說法，其餘諸星亦各分陰陽。因而從陰陽觀點看，天空所呈現的星象及其排列和運行，只不過是陰陽雜陳交錯的反映。如果用卦爻符號來表示，就是剛爻柔爻的雜陳和移易，這就形成一種文采。也就

是說一切天象剛柔陳列構成天文，故說「剛柔交錯，天文也」。

　　人們觀察天文現象，並從中探索出隨時間而變化的某種規律，即觀察與某種天文現象同時對應的地面氣候物候的情狀。隨著天文變化，地面現象也有相應的變化。這兩者的相關變化，就是制定曆法的基礎，從而人們可以根據天象變化來安排生活和生產。故而說：「觀乎天文，以察時變。」陳遵媯認為這就是中國古代天文學的「天文」一辭的根據。所以後世人們將研究天體和宇宙的科學稱之為「天文學」，最初正是起源於《易傳》。

　　由天象察知時變，不僅一般老百姓關心，更為治國者所關注。古代農業與時令的關係至為密切，因此，古代農業社會的管理更注重「時變」，即氣候物候和農業生產相關的時令變化。《尚書·舜典》說：「正月上日，受終於文祖，在璇璣玉衡，以齊七政，肆類於上帝，於六宗，望於山川，遍於群神。」即是說正月之吉日，舜在堯的太廟裡接受了禪讓的帝位。他立即觀察了北斗星及相關天象，列出了七項政事。然後向上天報告自己登了帝位，又祭祀天地四時（六宗），祭祀山川和眾位神靈。

　　這說明上古帝王登位，首先得觀察天文，並根據觀察擬出施政綱領，公布於上天眾神及天下人民。《象傳》在這裡還提到人文，「人文」似乎是各種使人們的活動合乎禮法的規則、制度設施和文教等等。這些內容也表現為陰陽的雜陳排列和交錯運行，從而也成為一種人間社會的文采。人文法則要求人們知道活動要遵守一定規則，即知有所止，所以說

「文明以止」，「以化成天下」。

還有從卦象來論述其本義的。《周易集解》引荀爽說：「此本泰卦，謂陽從上來，居乾之中。」即是說泰卦（上體坤而下體乾）之上六爻，移於下體乾之中，使下體為離；下體九二爻移於上位，使上體成艮。即由泰卦變為賁卦。又引虞翻說：「謂五利變之正，成巽體離，艮為星，離日、坎月，巽為高。五，天位。離為文明。日月星辰高麗於上，故稱天之文也。」即將賁卦六五爻（居於陽位）變為剛爻，使成巽體，而使上互體為離（上互體為三至五爻，將上體艮改巽後，上互成離）。則必是將賁卦初九移五位（成巽），而原賁卦六五移去初位，於是下體成艮，總體成漸卦。艮為星，離為日（上互），坎為月（下互謂二至四爻）。巽（上體）為高。五位為天位，離又為文明，故日月星高高地附著於天，故稱之為天文。

虞翻又說：「日月星辰為天文也。泰，震春兌秋；賁，坎冬離夏。巽為進退。日月星辰，進退盈縮。謂眺，側慝，朒也，曆象在天成變，故以察時變矣。」按泰卦（為賁卦之本）上互體為震，下互體為兌；賁卦（由泰卦來）下互體為坎，下體為離。因而天上日月星辰的變化與春夏秋冬四時關聯。巽卦又為進退，表示日月星辰運行或有時失常，或盈或縮。

《唐開元占經》卷十一引劉向《洪範傳》說：「晦而月見西方謂之眺，朔而月見東方謂之側慝。」晦日為每個朔望月之最後一日，即月球與太陽方位靠近（應說幾乎同黃經），因而兩者幾乎同時沒入地平，月亮始終處在太陽光芒

中，故看不見月亮。但由於古代曆法不精密，晦朔定得不準確，有可能於晦日在西方見到月亮，這叫做「朓」。而在朔日（即朔望月的初一日）太陽與月亮同黃經應該二者同出地平，也應看不到月亮，可是這時卻看到月亮在東方出現，這叫做「側慝」。還有「朏」，朏日就是新月。在每月之初二日或初三日，有時朏來得早一些，有時來得遲一些。「朓」往往是盈的表現，「側慝」則是縮的表現。因為「朓」是月亮在本應是被日光掩沒而不能見時卻能在西方見到，即提早出現「朏」。故而太陽較月亮早沒入地平線。因此是日行盈。「側慝」是月亮本應與太陽同黃經，但是太陽卻落後於月亮，太陽未出地平線前，在東方見到月亮，故日行縮。

其實這是曆法未精，並非太陽或月亮運行快慢有變化所致。為了修正曆法，就要不斷觀測日月星辰之進退盈縮，所謂觀天之象以察時變。

然後，討論緊接著賁卦後面的剝卦。剝卦是《易經》排在第二十三位的卦。剝卦主要說的是剝落和衰落的意思。但《象傳》對於這一卦卻說道：「順而止之，觀象也。君子尚消息盈虛，天行也。」《集解》引虞翻說：「坤順，艮止。謂五消，觀成剝，故觀象也。」

剝卦上體為艮，下體坤，艮為止，坤為順，故說順而止之，即順應客觀形勢而不能亂動。剝卦由觀卦九五爻消陽為陰而成，所以是觀象。

事實上要順應客觀形勢必須要觀察各種現象，觀象包括觀察天象、物候、氣候乃至人事現象等等。而觀察各種現象又主要是觀察事物消長盈虛的現象，天地萬事萬物都有消長

盈虛，君子小人之勢亦有消長盈虛，故要從觀象認識客觀形勢，就要從天地間萬事萬物都各自有陰陽變化的盈虛消息著眼。盈虛消息是一種自然規則，是一種天道，故說：「君子尚消息盈虛，天行也。」

從天文曆法觀點看，古人觀天象以建曆法，就是觀察天的盈虛消息。關於天的盈虛，實際上包括各種非一般情形的天象和一些正常的反映盈虛變化的天象。所謂非一般情形的天象，如前述之朓、側慝等，正常盈虛變化的天象如滿月為盈，月滿必虧。在此再引一下《彖傳》對於《易經》排在第五十五位的豐卦有關天文內容的注解，其說為：「日中則昃，月盈則食，天體盈虛與時消息。」

前章已經說過太陽升至中天後就逐漸西落為昃。這時陽光勢力已不如中天時充足。故中天時日光盈，而日昃時陽光弱，可說是虛，所以「日中則昃」是天地盈虛的一種表現。「月盈則食」有兩種情形，滿月之後月相逐漸虧缺，這可稱為「月盈則食」；又因滿月之際，日月黃經差 180 度，日月各居地球一側，故隔地相望。這時地影可能遮住太陽射向月球的光而導致月食，也可稱為「月盈則食」，因為非滿月就不會有月食。滿月後的虧是正常情形的盈虛，但月食可能在古代被認為非正常情形的虛，日中天時太陽為盈，日西斜時為虛，也是正常情形的盈虛。

如果發生日食，就認為是不正常情形的虧虛。所以盈虛與一定的時間階段相關，如滿月之後月亮變缺，滿月時月食，朔日發生日食等等。關於消息，《史記·曆書》敘述自黃帝以來，各代考察天度、建制曆法的情況。黃帝時代，

「蓋黃帝考定星曆，建立五行，起消息，正閏餘。」戰國時期，其時列國紛爭，無暇顧及修訂曆法，但那時「獨有鄒衍，明於五德之傳，而散消息之分，以顯諸侯。」這兩處都提到五行與消息，說明當時的曆法與五行和消息大有關係。黃帝「考定星曆」，即是觀測日月之運行及其在背景星宿上移動情況，然後編制曆法。《史記・索隱》按：「黃帝使羲和占日，常儀占月，臾區占星氣，餞倫造律呂，大撓作甲子，隸首作算數，容成綜此六術而著調曆也。」

　　大抵古代對季節氣候的推移，無法從今日地球公轉原理加以解釋，而採用陰陽消長的原理作出解釋。從陰陽消長說明季節的推移，只能自陰陽多少的變化來說明。這還不夠，因尚缺乏一個內在的陰陽變化機制，故有五行之建立。五行木火土金水，春季為木，木能生火，故由春季到夏季；火能生土，故由夏季到季夏（季夏為土王），土能生金，故由季夏到秋季；金能生水，故由秋季到冬季；水又能生木，故由冬季到春季。這樣季節的自然轉換與各季節陰陽消長的情況就能對應起來。但《彖傳》尚未言及五行，只言陰陽消息。因此，它用陰陽消長來說明天文現象和制定曆法。

　　鄒衍的「散消息之分」就是將陰陽消長的觀念，即盈虛消息分布到曆譜中去，從而由四時氣候物候的變化看陰陽的分布及消長。

　　剝卦其實是剝落、衰落的意思，從陰陽觀點看，剝卦是陰消陽達到臨界的情況，面臨陰盛之時，君子應該懂得消息盈虛的天道，陰氣已盛，陽氣也就快復興了。《易傳》主要說人事，但將消息盈虛作為人世和自然界的普遍法則提出

圖2-2　帝堯召集羲和兄弟（天文世家）

在帝堯朝廷上參照日月星辰頒布曆法圖

（此圖摘自晚清《欽定書經圖說》。頒布曆法是政權的象徵，
故禪位給舜時，舜立即觀察天象，列出政事）

來，揭示了中國古代曆法的一個特色。即制定曆法，不僅據天上日月星辰的運行，還要注意氣的陰陽消長。前者稱為天度，後者稱為氣數，即要求天度和氣數相應。

再討論緊接著剝卦的復卦，復卦在《易經》中排在第二十四位。前面已對復卦「反覆其道，七日來復」做過討論，這裡就《易傳》關於復卦的解釋的天文意義再做一些討論。

《彖傳》對卦辭「反覆其道，七日來復」的解釋就是三個字「天行也」。天行就是天道，即將「反覆其道，七日來復」視為宇宙間的普遍法則。《彖傳》又發揮說：「《復》，其見天地之心乎！」意謂復卦所體現的是一種宇宙中普遍存在的周期性規律，這種周期性規律是宇宙之核心法則，這一規律是說，無論天象、氣候、物候，萬物都有某種周期法則。即陰陽剛柔都不斷往來消長。

無論日月星辰之運行，雨露霜雪之凝降，晝夜之交替，四時之遞變，草木之榮枯，鳥獸蟲魚之活動，似乎都隨著這種往來消長而呈現各種周期性規律。《象傳》就說：「雷在地中，《復》，先王以至日閉關。」這裡有兩項十分重要的內容，一項是雷在地中，一項是至日。先說至日，至日應該是「見天地之心」的關鍵概念，因為至日是冬至之日，這一日的特點是白晝最短，而黑夜最長，往往定為一年之開始。從現象上看，這一天中午日影最長。自這日之後，每日正午日影逐日見短，至次年夏至日影最短。夏至之後，日影又逐漸變長，至次年冬至，又是日影最長。這就表示日行一周，是為一年。所以，至日是測定「年」的周期的終始點。《象傳》解釋復卦時將至日提出，反映了強調周期性法則的根本

所在。

再說「雷在地中」復卦卦象是上體坤下體震，坤為地，震為雷，故雷在地中。《易傳》時代從直觀上看春夏多雷，秋冬少雷，因此，認為天暖時雷出地上，天寒時雷在地中。由此將雷看成是半年出地，半年入地的某種「天象」。

《易經》的第十六卦豫卦，也講到雷，豫卦上體為震，下體為坤，震雷坤地，即雷在地上。正與《復卦》的雷在地中相對。《象傳》說：「雷出地奮，《豫》」。即雷出地上，震動萬物。豫是逸樂的意思，即雷出地時為春季，萬物皆欣欣向榮，故歡樂。用復卦表示冬至所在之月，與復卦卦象雷在地中是否為卦畫卦辭設計者的有意設計，沒有明言。但是，至日作為一年周期的起點和終點，是以天象為標準。至日的天象標誌很多，但最重要的是這一天中午的日影最長，也就是這一天中午的太陽位於一年中的最低點。在人們感覺上，就是這天白晝最短（當時沒有計時的概念，否則也會測出冬至日白晝最短）。可能《易經》或《易傳》時代，人們也將雷看成某種「天象」作為一種年周期的標誌。即雷於春季出地後，到冬季又回到地中，即也以雷在地中作為起點和終點，所以雷在地中稱「復」，即又返回其原處。故《漢書·五行志》中之上說：「於《易》，雷以二月出，其卦曰豫，言萬物隨雷出地，皆逸豫也。以八月入，其卦曰《歸妹》，言雷復歸入地。」

《歸妹》卦卦象是上體震，為雷，下體兌為澤，以雷在澤上。可能《歸妹》卦是沼澤湖泊地區人民對雷的觀測，他們觀測到二月出地以來在天空中奮動的雷，至秋八月多在沼

澤湖泊上響動，似乎這是「雷周期」過程的一種狀態。由此再歷經若干狀態，最後歸結到雷入地中，復。可能，雷先在澤上，然後降入澤下，則隨卦（上體兌為澤，下體震為雷，即雷在澤下）當之。《周易集解》於《歸妹》卦引干寶說：「雷薄於澤，八月九月，將藏之時也」又於《隨卦》引《九家易》說：「兌澤震雷，八月之時，雷藏於澤，則天下隨時之象也。」所以雷的周期至少有《復》、《豫》、《歸妹》和《隨》四種狀態點，對於這成為「雷周期」狀態點的四卦，《彖傳》都說具有天地之大的重要意義。對於《復卦》，說：「其見天地之心乎！」對於《豫卦》則說：「《豫》之時義大矣哉」；對於《歸妹》則說：「《歸妹》，天地之大義也。」對於《隨卦》則說：「大亨貞無咎，而天下隨時，隨之時大矣哉」。

《歸妹》為天地之大義，主要指男女婚配，男女婚配才能繁衍人類，猶如天地相合而生萬物，故有天地之大義。對於《隨卦》則因天下皆隨時而行就會「大亨貞無咎」，故隨之時大矣哉。對於《豫卦》，《彖傳》還說：「天地以順通，故日、月不過，而四時不忒」，即說天地的運動順當，太陽和月亮運行沒有什麼錯失，那麼，四時之遞變不會有誤有差，至於復卦這就更進一步直接說見天地之心了。

儘管《易經》六十四卦中《彖傳》認為時之義，為「大矣哉」的還有不少卦，但同時涉及天地和時節的除這四卦外，還有解卦和姤卦。姤卦說：「天地相遇，品物咸章也，剛遇中正，天下大行也。姤之時，義大矣哉」。這裡天地相遇。即是天地相交。若天地相遇，陰陽交流，則品物皆盛

長，即「品物咸章」，所以天地相遇之時，其意義甚大，而對《解卦》，《象傳》則說：「天地解而雷雨作，雷雨作而百果草木皆甲坼。解之時大矣哉」。

解卦上體震而下體坎。震為雷，坎為雨，故說雷雨作。其說「百果草木皆甲坼」顯然指春來之後，這是對雷雨予草木的功用的描述。也是說雷從地出的狀態。因而也可以視為「雷周期」的狀態。

除了這兩卦與天地時節有關外，還要提一下《象》、《彖》二傳對排在第二十七位的頤卦的解說，《象傳》說：「山下有雷《頤》」，《彖傳》說：「天地養萬物，聖人養賢以及萬民。頤之時大矣哉。」從《象傳》之說可知，頤卦與雷有關。從《彖傳》看，頤卦有天地養萬物之象，所以說《頤》之時大矣哉，由此可見頤卦大約也可歸結「雷周期」的某個狀態。

其餘還有《大過》、《坎卦》、《遯卦》、《睽卦》、《蹇卦》、《旅卦》、《革卦》等都說到該卦之時，義大矣哉。不過都不與天地節令直接關聯。可見《易傳》對於雷和節令的關聯十分注意，並且將「雷周期」與回歸年的周期聯繫起來，將雷與天象聯繫起來。

往下就要討論一下《彖傳》對於《晉卦》和《明夷卦》的解釋。對於排在《易經》第三十五位的《晉卦》，《彖傳》說：「晉，進也，明出地上，順而麗乎大明，柔進而上行。」《周易集解》引虞翻對晉卦卦辭解釋說：「觀四之五，晉，進也。」晉卦卦象是由觀卦來，觀卦上體巽下體坤，其四爻與五爻交換上體變為離即得晉卦。又引崔憬說：

「渾天之義，日從地出，而升於天，故曰明出地上。坤，臣道也，日君德也，臣以功進，君以恩接，是以順而麗乎大明。雖一卦名晉，而五爻為主，故言柔進而上行也。」從晉卦卦象看上體離而下體坤，離為日，坤為地，因此說「明出地上」，崔憬以為日從地出而升於天是渾天說之本義。

以下又從卦象來說，晉卦下體坤又代表臣道，上體離卦代表日，代表君德。坤在下是附麗於離，象徵大臣順從地依附君王。故「順而麗乎大明。」由於晉卦是由觀卦之四爻（為柔爻）進至五位陽位，是「柔進而上行」。《象辭》對晉卦也說：「明出地上，晉」即強調晉之卦象是日出地上，太陽出地平線之後在天空冉冉上升，直至天頂，故虞翻說晉卦是上進的意思。

對於緊接著原排在第三十六位的《明夷卦》，《彖傳》說：「明入地中，《明夷》。內文明而外柔順，以蒙大難，文王以之。」《周易集解》引虞翻對卦辭的解釋說：「夷，傷也。臨二之三而反晉也。明入地中故傷矣。」又言鄭玄說：「夷，傷也。日出地上，其明乃光。至其入地，明則傷矣，故謂之明夷。」即說此卦本於臨卦，臨卦上體坤而下體兌，若將臨下體兌之上爻與中爻交換，則下體成離，而得明夷卦。又引荀爽說：「明在地下為坤所蔽，大難之象，大難，文王君臣相事。」即是從卦象看，臨卦九二與六三相調，就成為明夷卦，又為反晉之卦。

坤上而離下即地在日上，謂之「明入地中」，太陽落於地平線之下，即是黑夜之象。因而明夷的本質意思就是日沒或日落地平線。由於坤又代表柔順，離又表示文明，故日入

地中又表示「內文明而外柔順」。引到人事方面說，就是賢人忠臣蒙受大難。這根據周文王自身的經歷而言。周文王內有文明之德，外用柔順之道，臣服於殷，但殷紂王卻將他囚於羑里，使遭困屯之難。

《晉卦》和《明夷卦》緊接相連，兩卦分別表示白晝和黑夜，實際上描述了太陽在天空的周日視運動。即太陽從地平線下面升出地平線，逐漸上升至天頂，而後太陽又西行，逐漸沒入地平線之下，又從地中轉到地之東方出地平線。這一現象，本質上是地球自轉的反映。

但古人卻認為是太陽繞著大地運行。例如說晉卦是由觀卦四、五爻互換而來，明夷卦是由臨卦二、三爻互換而來，都是在離卦上做文章，坤卦則始終不動。這是否作《易》者之原意不得而知，但後世《易》學大師卻做了這樣的解釋。除了描述周日運動外，崔憬還特別提到晉卦的渾天之義。陸績於三國吳孫權時作《渾天儀說》，他先對渾天論的來由做了說明：「先王之道存乎治曆明時，本之驗著，在於天儀。夫法象莫如渾天，渾天之設久矣。」❸

即陸績認為渾天之義並非後世才有，古代就有渾天之說。他又對晉、明夷二卦的渾天論意義說道：「《晉卦》，《彖》曰：晝日三接。《明夷》，《彖》曰：初登於天，後入於地。仲尼說之曰：『明出地上，晉。進而麗乎大明，是以晝日三接。明入地中，明夷。』明夷夜也，先晝後夜，先晉後明夷，故曰：『先登於天照四國也，後失於地，失則也』。日月麗乎天，隨天轉運出入乎地，以成晝夜也，渾天之義，蓋與此同。」❶即以晉、明夷兩卦之《彖傳》和《象

傳》解釋證明「渾天之設久矣。」

　　接著再看一下《易經》排在第四十九位的革卦，關於革卦辭中的「己日乃孚」，前章已做過討論。這裡還要進一步討論一下關於《象傳》對他的解說，《象傳》說：「澤中有火，《革》，君子以治曆明時。」

　　從革卦卦象而言，上體為兌為澤，下體為離為火，這即是澤中有火的象，名為《革》。澤中有火，就會使澤有變化。澤原本有水，澤中原本也有草木等等。有火在澤中，那麼其極端情況有二：

　　一是水涸竭而草木枯焦，這是火勝水的情況，即火勢過大，水氣蒸發而致。

　　二是水勝火，則必寒氣升，而草木零落，這時水勝火，水勢過大，寒氣濃列所致。

　　在這兩個極端情況之間會有各種可能狀態，不外乎水火平衡，二者「既濟」；或者火偏勝則水少澤枯，或水偏勝，則澤滿稍寒等。由此當可從澤水之漲落，草木之枯榮的變化來察盈虛消息的變化。一年內有時水火平勻，有時嚴寒凜列，有時暑熱蒸騰。這種季節之變化對水澤之影響是經常的，而且也是最有力的。那麼，澤水與草木之變化受季節之影響，亦是天地間的普遍現象的反映。故由澤上有火的卦象，可推出萬物生長壯大衰亡，其變革是隨著季節而變。

　　節令正是天地四季之變的各種狀態。因而要修治曆法，準確掌握時令的各種狀態，使人們能掌握時候節令變革的法則。適時掌握節令，安排好生活與生產的各項活動，這就是「治曆明時」了。

《彖傳》對《革卦》也說道：「天地革而四時成。湯武革命，順乎天而應乎人，革之時，大矣哉」，這裡強調天地革而有四時之變。所謂天地革，當是在天表現為星體的周年視運行，主要是太陽的周年視運行，或是指太陽處在某個背景星宿，例如在冬至點，即太陽位於黃道的最南點時，其背景星宿在戰國時期當是牛宿（摩羯座）等等。或指中午日影的長度，如在冬至日正午，八尺長的表桿，影長是一丈三尺有餘等等。這些都是太陽運行的狀態點。

太陽在天空的周年運行，人們看起來是從一個星宿到另一個星宿，或者是正午天空太陽的高度，冬季太陽的高度最低，夏季則太陽高度最高，所以冬季影子長，夏季影子短。這些狀態本是連續地變化，但在某幾個狀態點就有其明顯的反映，如冬至白晝最短，夏至白晝最長，春秋分晝夜大體上相等。

如果將太陽在天運行的狀態與地面氣候、物候的變化聯繫起來，天空太陽運行的某些狀態點，明確地對應地上一定的氣候、物候，就是一定的節令。從而春夏秋冬四季的變化，與天上天體的運行有了直接的對應關係。

《易傳》重視講社會人事。因此說商湯起兵革夏桀之命，周武王起兵革商紂之命（這裡革命指革去夏桀和商紂所受的天命），也是當時天地革而形成的社會情勢所致。因此強調君子要善於應時變革，應時變革才能成大事。這裡隱含著天地之革除了與四時遞變的關係外，還有更為深層的內容。

至此大體上探討了《彖傳》、《象傳》和《文言》中所

提及的天文曆法內容。從上述討論看，《易經》時代主要是對於天上星象雖有某種探究，但卻是個別性地描述。對當時曆法情況只是一些透露，似乎當時陰陽合曆還處於早期狀態。而到了《易傳》時代，已經強調了自然現象的週期性，強調曆法要符合天象，還要與氣候物候相應，從而對設置閏月與節氣的相應做了考慮。對天象的觀測也不再是天上圖景的想像性的描述，而是對全天天象建構了初步但明確的系統，並對天象變化做了過程性的描述，已經形成了中國古代天文學的初步構架。可以看出，《易傳》和《易經》都不是有意敘述當時的天文曆法。只是在對社會人事，有時也包括人體生理的描述中，舉天文以作根據。

從此約略透露了當時天文曆法的某些內容。但這反映在《易傳》的觀念中，使人們覺得天文在天地人三才中具有根本的意義，強調了人是在天地之間，要效天法地。因而《彖傳》說：「乾道變化，各正性命，保合太和，乃利貞」。

二、《繫辭》、《說卦》、《序卦》
中的天文曆法

本節不是像前一節那樣分卦敘述，而是討論其中有關天文曆法方面的內容，因而從天文曆法角度來敘述這部分《易傳》中的有關內容。

（一）仰觀天文

天文學是一門觀測的科學。自遠古時代迄至今日，天文

學始終保持著這個特色，《繫辭》顯示遠古時代人們就已經仰觀天文了。天文學與人類一樣悠久，《繫辭》簡單地透露古代人們「仰以觀於天文，俯以察於地理，是故知幽明之故」。即透過仰觀天文和俯察地理而弄清了明顯的事物和尚不明顯的事物的道理。而較為具體的則是記敘了：「古者包犧氏之王天下也。仰則觀象於天，俯則觀法於地，觀鳥獸之文與地之宜。近取諸身，遠取諸物，於是始作八卦，以通神明之德，以類事物之情」。

對於「觀象於天」，《周易集解》引荀爽說：「震巽為雷風，離坎為日月也」，即古代人觀察的天除天上的日月星辰外，也包括雷風霧霓等氣象內容。

對於「觀法於地」，《集解》引《九家易》說：「艮兌為山澤也，地有水火五行八卦之形者也。」似乎主要是觀察地形，形勢。

而「觀鳥獸之文」，《集解》引荀爽說：「乾為馬，坤為牛，震為龍，巽為雞之屬是也」。而又引陸績說：「謂朱鳥、白虎、蒼龍、玄武四方二十八宿經緯之文。」

「與地之宜」《集解》引《九家易》曰：「謂四方四維八卦之位，山澤高卑五土之宜也。」古代易學家是從八卦反推出包犧氏的仰觀俯察。然而包犧氏當時應是由仰觀俯察，近取遠取而從中提煉出「八卦」。虞翻大概不同意包犧氏作八卦之說，他認為：「謂包犧觀鳥獸之文，則天八卦效之。易有太極，是生兩儀，兩儀生四象，四象生八卦。八卦乃四象所生，非包犧之所造也。……而讀易者咸以為包犧之時，天未有八卦，恐失之矣。天垂象，示吉凶，聖人象之，則天

已有八卦之象。」即是說包犧氏其實只是觀察天象，俯察地理，從觀察中得到八卦之象。包犧氏只是將各種不同的事物分別以八個種類來代表或作象徵，將天下萬物作出八種類別的區分。這裡可注意的是虞翻直接認為八卦只不過是八種天象或自然界現象的八種代表性的符號形象。他認為八卦是由四象而生，顯然是指一種產生八卦的機制，這就不是一個實際的課題，而是一種「形而上」的課題了。

由此可見，古代人們仰觀天文的目的，雖然不具有現代天文學的意義，不是著眼於探討天體和宇宙的本質或天體運行的機制。但卻是想透過仰觀天文，俯察地理等取得生存所需要的知識和智慧。包犧氏正是透過觀測宇宙，觀測蒼天和大地，觀測一切物類，作出了八卦，大大提高了人類認識天地和開發世界的能力。於是仰觀天文，是《繫辭》作者總結出來的古代文明產生和發展的重要準則。仰觀天文是《易傳》各篇中關心的主題之一，而且一直是中國傳統文化中關心的主題之一。

透過仰觀天文等建立起來的八卦系統，後來重為六十四卦，成為一種符號體系。由這個符號體系，將天象等與人類生活和生產中的事件聯繫起來。前面我們已經看到不少例子，但《繫辭》還是舉了更多的例子，目的是闡明這些卦爻是如何發揮作用的。

例如對《噬嗑》卦的說明就很典型，《繫辭》說：「日中為市，致天下之民，聚天下之貨，交易而退，各得其所，蓋取諸《噬嗑》」，噬嗑卦上體離而下體震，離為日，震為動。離日在上表示太陽在上中天附近，震之動可表示人群騷

動擾嚷，這就是日中為市的卦象描述。談到日中，就會想到豐卦（《易經》第五十五卦），《豐卦》卦辭說：「勿憂，宜日中」，這裡的日中，也指太陽中天。《豐卦》說的是王者親自祭祀，發生什麼大事不必憂慮。祭祀時間宜在正午，如日在天中，以照天下。《集解》引《九家易》說：「震動而上，故勿憂也」，這是說震雖為動，但在日之上，故無所憂。又引崔憬說：「離下震上，明以動之」。因明在下而上之動可非常清楚，故勿憂。可能祭祀是向上天禱告，祈求鬼神之助，故其動在上。而在噬嗑卦則是日在上而動在下，即其動在日照之下，表示在日中時人的交易活動。因人的交易固然會促進人的生活繁茂，也會造成許多爭訟，這也是下動的一個內容。

這兩卦正是互相倒置的卦象，反映了當時社會情況。不過這兩卦都說日中，都將日中作為一個時間標點。這個時間標誌既明顯準確而又易於遵守。因而可知規模大些的社會活動，古時都以日中為準。但是要注意的是，噬嗑卦作日中為市的解釋不是惟一的。

噬嗑卦最基本的象是「頤中有物，曰噬嗑」（《集解》引），頤是腮幫子。所以，噬嗑也是口中咬物而咀嚼之象。其上卦震為長男，又為剛，下卦離為中女，為柔。剛柔相交可表牙齒和舌頭相交為用，咀嚼食物。噬嗑卦象也是動而明，可表人之行為明察。震代表雷，離又代表電，亦可表雷電交加。《象傳》也說：「雷電合而章」，章是明顯的意思。在《易傳》時代，還將雷電等視為天象。但從雷電之象，《象傳》又推出；「電雷，《噬嗑》，先王以明罰勅

法」。即以電比喻人之明察，而以雷比喻刑罰。故噬嗑也可解說為古代聖人觀此卦象，從而明察其刑罰，修正其律法。

這些不同的解釋都歸結為觀象。觀察天象，遠取諸物如日中、電雷。近取諸身，如咬物咀嚼。這個對卦象有多種解釋的情況，在這裡提起注意，以後各卦有對天文曆法的解釋，同時也可能有對其它事物的解釋。這種情況是不足為奇的。但觀其對某種現象解釋是否合理，則要看事實本身。

再看《繫辭》中舉的一個有關天文的例子，就是大壯卦。《繫辭》說：「上古穴居而野處，後世聖人易之以宮室，上棟下宇，以待風雨，蓋取諸大壯」。棟是棟樑，即屋之樑。宇是屋邊，就是屋子四周邊牆，大壯卦是上震下乾，震為雷，乾為天，為圓。故大壯之象，上為雷雨，下為蒼穹形之天幕或圓蓋。即雷雨被阻在圓蓋之外，這就是宮室的概念，大壯卦象就表示伴著隆隆雷聲的大雨，落在如同蒼穹似的圓蓋。圓蓋架於四周邊牆之上，使得圓蓋庇護下的人和物免於雷雨之淋。

宮室的建築是人類文明發展的重要標誌，正是人類仰觀天文的結果。因為人們仰觀的天幕，西周時代即已稱蒼穹，人們想像天如同一個屋頂，覆蓋著人類和萬物，因此，建築宮室就模擬了天的形狀。正由於這樣，古人就認為遮風避雨的宮室應該有一個蒼穹似的圓頂。不過古人又反過來認為天地宇宙就像是碩大無朋具有蒼穹頂的房子。

（二）天象卦象

仰觀天文，除上述由觀天象得到啟發而做出與生活生產

聯繫起來的事物外，按虞翻說還進一步從觀測天象中得到八卦卦象。《繫辭》說：「在天成象，在地成形，變化見矣」。《周易集解》引虞翻說：「謂日，月在天成八卦，震象出庚，兌象見丁，乾象盈甲，巽象伏辛，艮象消丙，坤象喪乙，坎象流戊，離象就己，故在天成象也。在地成形，謂震竹巽木，坎水離火，艮山兌澤，乾金坤土。在天為變，在地為化，剛柔相推而生變化矣」。虞翻之說有一點得首先提出來，就是他把在天成象完全只是描述日月的狀況，而風雷雲雨等等古代人們也視做天象的，他卻指明是屬於在地成形。可能虞翻已能對地球大氣現象與實在的天文現象做出區分。虞翻關於日月在天成八卦的天象，即「震象出庚，兌象

圖2-3　虞翻八卦納甲圖

見丁，乾象盈甲，巽象伏辛，艮象消丙，坤象喪乙，坎象流戊，離象就己」。

這裡所謂震象、兌象等等是指月相，即月亮在某個位相時的月象，以單卦（三畫卦）來表示。如震象，即其時月亮的象，如震卦之象，震卦下爻為剛爻（陽爻），中爻和上爻均為柔爻（陰爻）。剛爻具陽性，故表示明亮；柔爻具陰性，表示晦暗。因而震象就是月亮在朏時的象，即新月月相。而新月黃昏時位於西邊天空，於方位屬庚，故說震象出庚。

再說兌象，單卦兌卦是下、中兩爻為剛爻，上爻為柔

圖2-4 納甲圖

（即月相與卦的對應）

爻。故用以描述位於上弦時的月象,上弦當每月之初八,月亮圓面有一多半是明亮的,以兌卦下面二剛爻表示,但還有一半是晦暗的,即以兌卦上面的柔爻表示。上弦月於黃昏時出現於南方天空,正是在丁的方位。故說「兌象見丁」。

然後是滿月的月象,月亮在滿月時是一個完整明亮的圓面。因而用三個剛爻的乾卦來表示,故滿月於卦象為乾。滿月為望,即一當太陽在西方沒入地平線,滿月同時在東方出地平線。月出地平線的方位是甲方,故「乾象盈甲」。滿月之後就是月既望,這是月相為下面開始變暗,於卦象為單卦巽卦之卦象,巽卦下爻為柔爻,中、上兩爻是剛爻,陽爻明亮而陰爻晦暗,正是月既望時的月相。這是在日出前能在西方看到的月象,即是在辛的方位早晨的月相,於曆法則大約是月半之後的每月十七、十八日(可能有些月十六早晨還看不到單卦巽象的月象)。所以稱「巽象伏辛」,然後就是下弦的月相。下弦的月亮看起來象是單卦艮卦,單卦艮卦是下中兩爻均是柔爻,而上爻是剛爻。因此,表示月亮的下部晦暗,而半圓上面明亮,看下弦月的標準是清晨太陽出地平線前,南方天空的月象。這時月亮正在丙的方位上空(看起來月亮左明而右暗),所以說「艮象消丙」。當月底晦日時,月亮在方位上緊靠太陽,因而看不到月亮,但是,用卦象描述這時的月象,就是坤卦,坤卦三爻全是柔爻,表示月亮可見圓面全部晦暗。這時由於在方位上日月相近,在早晨看,即日出前月亮位於東方,在乙的方位。

還有坎離兩象的月亮,按虞翻說當是「坎象流戊」者,即指夜中不見月,故只有晦日和朔日如此,故虞翻說:「晦

此上半月　昏見之象　初八兌納丁　上半陰象兌

初三震納庚　下微陽象震

純陽象乾卦　十五乾納甲

此下半月　晨見之象　二三艮納丙　上半陽象兌

十六巽納辛　下微陰象巽

三十坤納乙　純陰象坤卦

十五為陽之極，十六為陰之始，契從交接之界言耳，初三本為十八為正對也。

圖2-5　魏伯陽六候納甲圖

（圖中上半三個圖是上半月黃昏時月相的變化情況，下半三個圖是下半月平旦所見之月相變化情況。即是卦、月相和對應曆日的說明）

夕朔旦，坎象，流戊」。又「離象就己」者，當指日中不見月，則是日日如此，故說：「日中則離，離象就己」。戊己於方位在中，故說：「戊己土位，象見於中，日月相推而明生焉」。

為什麼從每月之十六（既望）之後，觀早晨之月象，而十五日前觀黃昏之月象呢？因為望前月行先於太陽，朔是太陽和月亮同黃經。朔之後，太陽入地平線後，月亮尚在地平線之上，是因為月亮每日右行（與周日視運行的方向相反）較太陽為多，歷時 15 天，右行 180 度，即每日較太陽右行 12 度多（按周天 360 度計）。即在黃道經度上，月亮每日遠離太陽 12 度多，至望時，月亮與太陽相差 180 度。一東一西，日月相距最遠，望後，月亮雖仍每日較太陽多右行 12 度多。但是在黃道經度上，月亮又逐漸返回接近太陽。因此，可說是望前月行先於太陽，而望後，月行又似乎在太陽之後（月亮逐日逼近太陽）。故說望後月行後於太陽。由於這一差別，望後以晨定月象，望前以昏定月象。

虞翻關於「在天成象」、「日月在天成八卦」的解說，有可能是得自魏伯陽。魏伯陽也是東漢末年人，較虞翻略早，朱伯崑先生據五代彭曉於《周易參同契分章通真義序》中所說：「魏伯陽乃會稽上虞人，撰《參同契》三篇，『密示青州徐從事，徐乃隱名而注之，至後漢桓帝時，公傳授於同郡淳于叔通，遂行於世』。淳於叔通即淳于斟，又名翼，本上虞人，袁宏《後漢記》有記載」。虞翻則是活動在漢獻帝及其以後時代，較魏伯陽為晚，而虞翻亦是會稽上虞人。兩者是同鄉，因而虞翻可能在學術上受到魏伯陽的啟發和影

響。魏伯陽《參同契》中的《天符進退章》也說了月象和卦象方面的事：

> 三日出為爽，震受庚西方。八日兌受丁，上弦平如繩。十五乾體就，盛滿甲東方，蟾蜍與兔魄，日月氣雙明；蟾蜍視卦節，兔魄吐精光。七八道已訖，屈折低下降。十六轉受統，巽辛見平明；艮直於丙南，下弦二十三，坤乙三十日，陽路喪其明。節盡相禪與，繼體復生龍。壬癸配甲乙，乾坤括始終。七八數十五，九六亦相當。四者合三十，陽氣索滅藏。八卦布列曜，運移不失中。

此說與虞翻之說基本相同。《參同契》中所說的與虞翻所說的不同之處在於，《參同契》加了日期，如三日出為爽，即是每月三日為新月之象。八日上弦而十五日月望，十六日月既望，下弦為二十三，坤象於晦為三十日。但《參同契》加了日期並不很好，因為月象與各月的日序不可能嚴格對應。如新月早在初二可見，遲則初三才見，這還是曆法精密時才有，若曆法不精密則相差更大。

此外，《參同契》加了一些形容之詞，如以蟾蜍為月，兔魄表日，月亮隨時間而有圓缺之變化，似是由於日光視卦爻之節，施光於月之故。故而有盈虧之象。「七八道已訖，屈折低下降」是七、八、十五日時，月盈而後轉虧。十六日就由乾統轉為坤統。坤陰極盛之後，乾陽復來，又歷一個新的循環。一個循環就是七、八、九、六共三十日。

如果再往前追溯，可能魏伯陽是受京房易學之影響。因為納甲、納十二支之說創於京房，魏伯陽於《參同契》所說

月象，實際上魏氏的納甲理論，與京氏納甲相比，只是多了配月象的內容，其餘悉依京氏。所以說是魏伯陽納甲。因為以上引的《參同契·天符進退》一章中，特意講了「壬癸配甲乙」，實質就是將八卦納盡十干。他將壬癸兩干納進來，實際上成了為京氏納甲作月象的解釋。而虞翻之說卻不是為了納甲，而是為了說明八卦卦象來自月象。

（三）空間方位

　　虞翻、魏伯陽關於月象卦象理論的闡明中有一個方位問題要加以說明，這就是空間方位的觀念，在「殷之末世，周之盛德」之世，對於方位的定義可能比較簡單，僅僅是簡單的四面八方，再加上中央。方位數目雖然不多，但可能其概念已較為明確，不僅有具體的空間方位，還有與之相對應的四時八節的時間概念。因為那時人們並沒有將空間和時間割裂開來。《易經》乾卦卦辭為「元亨利貞」，傳統的解釋是：乾，卦名，為天。元，善也。亨，美也。利，利物也。貞，正也。但這並不是惟一的解釋。

　　由於《象傳》關於乾卦的注解，純從乾為天的基本觀念出發，因而從純天道方面啟發了人們對乾卦卦辭的看法，強烈地暗示乾卦應當與四時八節，四正四隅的八方建立內在的聯繫。因而對卦辭「元亨利貞」認為可解釋為春夏秋冬，也即解釋為東南西北。《周易尚氏學》即認為：「蓋天之體以健為用，而天之德莫大於四時。元亨利貞即春夏秋冬，即東南西北。震元，離亨，兌利，坎貞。往來循環，不忒不窮，周易之名，即以此也」。他認為揚雄《太玄·玄文》說：

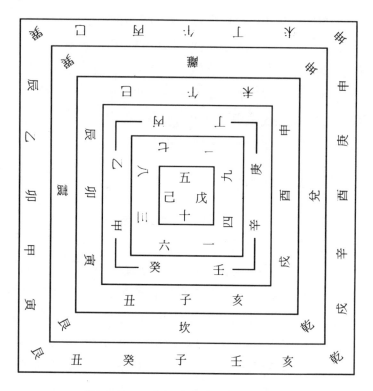

圖2-6　二十四方位生成圖之方圖

（最中央〈第一層〉是戊己土。還有五和十兩數。五是土的生數，十是土的成數。向外一層〈第二層〉是水火木金的生數和成數。再外一層〈第三層〉是戊己兩干之外的八干方位。又外一層〈第四層〉是十二支方位。然後再外是第五層列出八卦方位。第六層才是二十四方位。）

　　　　罔直蒙酋冥。罔，北方也，冬也，未有形也。直，東方也，春也，質而未有文也。蒙，南方也，夏也，物之修也，皆可得而戴也。酋，西方也，秋也，物皆成象而就也。有形則復於無形，故萬物罔乎北，直乎東，蒙

乎南，酋乎西，冥乎北。罔舍其氣，直能其類，蒙極其修，酋考其就，冥反其奧。罔蒙相極，直酋相敕，出冥入冥，新故更代，陰陽迭循，清濁相廢。將來者進，成功者退，已用則賤，當時則貴，天文地質，不易厥位。

是闡發了元亨利貞的真正含義。鄭萬耕在其《太玄校釋》中說：「以『罔直蒙酋冥』這些概念配以四方四時，構造成一個時間、空間相結合的宇宙間架。以陰陽二氣在其中的消長運行，說明事物從發生到消滅的過程，表示了揚雄喜造新辭的學風。其實並沒有絲毫的改變，不過是從另外的角度，進一步闡發了太玄世界的圖式而已」。指出揚雄雖說的是太玄世界圖式，但其本質仍是天和地為主的宇宙間架。罔直蒙酋冥之本義只是四時及四方的另一種表示。

由此可見在揚雄時代，對乾卦卦辭元亨利貞的理解，是它們表示四時的時間概念和東南西北四個方位的空間概念。這在《易經》時代可能是客觀實際。儘管那時不像後來理解得那麼精確，但是到了《易傳》時代，無論時間的區分或是空間的區分都要比《易經》時代更為精密得多。

大概周天的方位不僅是八方，而且已經有了用十二支來表示周天的 12 個方位。因為這時的時間單位，人們不僅熟悉四時八節，而且對 12 個月的安排也已習以為常。因而相應的空間概念也就必然確立。在《易傳》時代周天十二方位已普遍實行。事實上春秋時期已開始十二支紀月，那時人們把「日南至」即冬至的所在的那個月叫子月，子月之後順次為丑月、寅月等等。前節已經講過，那時有「三正」之說，即有建子、建丑、建寅之月的事實了，月建就是指十二支而

言的。而「建」亦有其天象意義，即指斗柄所指的方位。如說正月建寅，即北斗星柄指在寅的方位，即說斗柄建寅。將斗柄所指的方位與月的支名聯在一起，可能是《易傳》時代的實際情況。前面已經說過一年十二個月的「月」的時間周期，其天象依據是月相的變化。

所謂一個月即是從一個合朔至下一個合朔的時間間隔。再短一些的時間周期就是一年分為二十四個節氣，即一個月大約包含兩個節氣。二十四節氣與月相無關，是陽曆系統的時間周期。即太陽在黃道上每運行 15 度，即得一節氣。由於太陽在黃道上運行不均勻，所以嚴格說每一個節氣的時間是不相等的（注意，這是說地球繞太陽公轉，由於地球繞日軌道是橢圓，太陽居於其一個焦點。因此，地球繞日在靠近太陽的那一段運行較快，經歷黃道 15 度，所須時間較短。而在遠離太陽的那一段，地球運行較慢，經歷黃道 15 度所需時間稍長）。故而只能平均說來是每一節氣 15 日多。二十四節氣是中國古代曆法的重要部分，可以說是古代中國曆法的重要特色。二十四節氣的全部名稱，最早見於《淮南子‧天文訓》：「日行一度，十五日為一節，以生二十四時之變。」以下將斗建與節氣一一列出，其對應為：

斗指子，冬至。指癸，小寒。指丑，大寒。指報德之維（艮方），立春。指寅，雨水。指甲，驚蟄。指卯，春分。指乙，清明。指辰，穀雨。指常羊之維（巽方），立夏。指巳，小滿。指丙，芒種。指午，夏至。指丁，小暑。指未，大暑。指背陽之維（坤方）立秋。指申，處暑。指庚，白露。指酉，秋分。指辛，寒露。

指戌，霜降。指蹄通之維（乾方），立冬。指亥，小
雪。指壬，大雪。然後又指子，冬至。

而後太初曆將一回歸年平分為二十四節氣，每一節氣平均長
為 $15\frac{1010}{4617}$ 日，即 15.21875 日。並規定自冬至起排在奇數位的
氣，即冬至、大寒、雨水、春分、穀雨、小滿、夏至、大
暑、處暑、秋分、霜降、小雪稱為中氣。而排在偶數位的
氣：小寒、立春、驚蟄、清明、立夏、芒種、小暑、立秋、

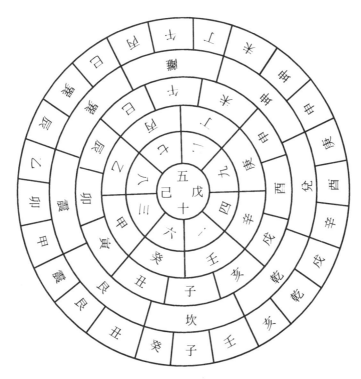

圖2-7　二十四方位生成圖之圓圖

（其各層次所列與方圖同）

白露、寒露、立冬、大雪稱為節氣。

由上述可見，當確立二十四節氣之時，二十四方位也已確定。由上引《淮南子》之說，可知二十四方位，由十二支再加上八干和四隅卦構成。四隅卦與原十二方位組成了十六方位。十六方位也曾被引用過。後來又加了八個干，即按甲乙在東方屬木、丙丁位於南方屬火，庚辛在西方屬金，壬癸在北方屬水。那麼，屬土的戊己就放在中央，不參與周邊方位的序列。因而魏伯陽和虞翻說震屬庚、兌納丁等等時，已是在與二十四方位打交道。即在二十四節氣已經確立的時候。

從文獻上看，二十四節氣，從而二十四方位只能推斷在《淮南子‧天文訓》之前不久。大約《淮南子》成書於公元前139年，這時已是西漢武帝登位的第三年（建元二年）。西漢王朝已建立了六十多年。而在《淮南子》書出前約一個世紀出書的《呂氏春秋》只有孟春、仲春、孟夏、仲夏、孟秋、仲秋、孟冬、仲冬八個月，各安插立春、日夜分、立夏、日長至、立秋、日夜分、立冬、日短至八節，即還沒有完整的二十四節氣，還停留在四時八節的陽曆系統上。所以，魏伯陽和虞翻的說法可能把二十四方位確立的時間提早了兩個至三個世紀。然而將天象與方位聯繫起來卻是有啟發意義的。

（四）八卦方位

《說卦傳》詳細交代了八卦的兩種方位排列，即先天卦位和後天卦位。其對先天卦位是這樣說的：「天地定位，山

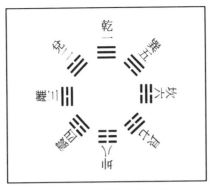

圖2-8 伏羲八卦方位

（中國古法上面是南方，下面是北方，左邊東方，右邊西方。
伏羲八卦也稱先天八卦。）

澤通氣，雷風相薄，水火不相射，八卦相錯」。

　　所謂「天地定位」，是說乾坤二卦首先定下位來，其餘
各卦的排列就可以依位排列。《繫辭》一開始就說「天尊地
卑，乾坤定矣」，即天在上地在下，以天地之對立作為
《易》之根本。「山澤通氣」是說艮兌二卦之對立。「雷風
相薄」，則是震巽二卦之對立。「水火不相射」則謂坎離二
卦之對立。各對立之卦都是陰陽相錯的。如乾卦三爻皆為剛
爻，坤卦三爻皆是柔爻，是為陰陽相錯。艮卦（山）三爻是
上爻為剛爻，中、下二爻是柔爻。與之對立的是兌卦
（澤），兌卦三爻是上爻為柔爻，下二爻為剛爻。坎卦
（水）上下兩爻為柔爻，中爻為剛爻，與之對立的離卦則是
上下兩爻為剛爻，而中間是柔爻。所以說「八卦相錯」。

　　八卦的先天方位排列是乾南，坤北，離東，坎西，兌東
南，艮西北，震東北，巽西南。但《說卦傳》卻並未這樣明

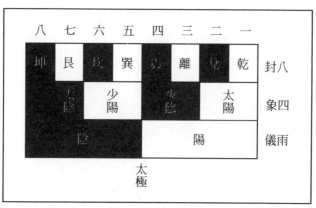

圖2-9　伏羲八卦的生成次序

說。可是揚雄在其《太玄告》中說：「天地相對，日月相
劌，山川相流，輕重相浮」。又說：「南北定位，東西通
氣，萬物錯雜乎其中」。說天地相對，又說南北定位，即是
說相對立的乾坤兩卦位於南北以定位。「劌」，范望注「會
也」。由於離為日，坎為月，說離坎二卦相會，又是東西通
氣。所以離東坎西，天地日月據四正方位，其餘山川相流和
輕重相浮則似指艮、兌和震、巽兩兩對立之四隅卦。但並未
詳細說明。除了這個先天卦位外，還有後天卦位。

　　對於後天卦位，也是《說卦傳》所講的那段話：「萬物
出乎震，震東方也。齊乎巽，巽東南也……離也者，明也。
萬物皆相見，南方之卦也……坤也者，地也，萬物皆致養焉
……兌，正秋也……乾，西北之卦也……坎者，水也，正北
方之卦也……艮，東北之卦也，萬物之所成終，而所成始
也」。這一段話中，只有坤卦和兌卦未明言方位。但兌卦說
了季節正秋，正秋與四正方位的西方對應。而坤卦言萬物皆

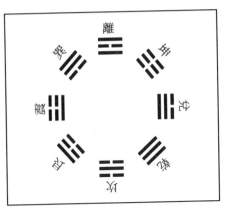

圖2-10　文王八卦方位

（文王八卦也稱後天八卦，其方位排列亦為上南下北，左東右西）

致養焉，應指夏末秋初的那一段時間，那就對應於西南方。因而後天卦位是以八卦配八方，也配了四立二分二至的八節，亦即用空間方位與物候來表一年之歷程。

　　此處可討論者在於是以什麼方位為起點，後天卦位，明白無誤地講了是從東方為起點。所謂「萬物出乎震」。但先天卦的起始方位卻沒有說明。如果乾卦卦辭：「元亨利貞」確實表示東南西北，而且確如《周易尚氏學》所說震元、離亨、兌利、坎貞，那麼《易經》時代似乎應是以正月或者是春天為一歲之首，與後天卦位起點相同。但是，在前面也已看到，揚雄《太玄文》所說的「罔直蒙酋冥」卻是從北方開始，從卦上說應是起於坎卦。於是可以看出，《易傳》起點接近於寅正，即所謂夏時。

　　而揚雄《太玄》用子正。但卻不是用周時，而是仿太初曆。因為太初曆是以元封七年，即太初元年（前104）十一

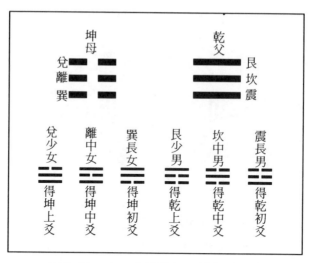

圖2-11 文王（後天）八卦生成次序

（可見後天八卦是由父母兩卦生成後再生成三男三女六子卦）

月甲子、朔旦、冬至作為曆法推步的起點。但是太初曆每年起首的月份卻是孟春正月（建寅之月）。揚雄是根據推步曆法的起點而說。據日人新城新藏所著《東洋天文學史研究》，其中說：「春秋後半葉採用所謂周正之曆法。漢初則係遵夏正之計算法。爰於其中間之戰國時代，定必有改周正而採用夏正之時期」。又說：「左傳之時，普遍已採用周正之曆法者是無容疑，惟其當時恐魏國似乎採用夏正者焉」。又說：「晉國於魯文公十一年（前616）之春秋時代，似已採用夏正之曆法。」

晉人是夏民族的後裔，他們習慣於用建寅之月為春正月，這被認為是夏王朝留下的制度，因而可以推想《易傳》作者可能與這個地區有某種關聯。

（五）陰陽配日月

　　《繫辭》論述天地間陰陽之道，把陰陽對立，互相轉化視為天地間的普遍規律。但陰陽之道既複雜又變化無常，不易被人們掌握。不少的人面臨具體事物時，很難全面地理解和掌握陰陽之道，往往認識不同，更多的人們日日時時都在接觸並利用此陰陽之道，但對之卻毫無所知。因此《繫辭》強調日月之義來闡明陰陽，故說：「廣大配天地，變動配四時，陰陽之義配日月」。即明言易經一陰一陽之道可以比擬天地四時日月。而又特以陰陽之義配日月，作為闡明陰陽之道的重點。

　　為什麼重點放在日月之義上呢？因為「縣象著明莫大乎日月」，即日和月是天上兩個最明亮的天體，而且關乎晝夜四季的大關節。首先認為：「日月之道，貞明者也」，即認為太陽和月亮就是給天地人間照亮，太陽照亮大地以生長萬物，月亮柔和的光照，在夜晚給人以幫助和慰藉。由於白晝由太陽照亮天下，而到夜來有月光照亮黑暗，所以說：「日往則月來，月往則日來，日月相推而明生焉」。在論述一陰一陽之謂道時，《繫辭》就緊跟著說：「繼之者，善也」。即陰陽交替，是來者繼往者，後者繼前者，這才是天地之道的善良本性。當白晝隨著太陽的下落而消失時，人們將經歷可怕的黑暗，但月光卻繼太陽而柔和地照亮夜空，這就是天道陰陽善良的具體體現。故其說日往月來和月往日來是對周日運動的描述。但《繫辭》還對日月的周年視運動做了敘述：「日月運行，一寒一暑」。這實際是描述了古代人們對

天象的觀測。

古代人們看到當太陽在正午達到其一年中的最高點時，而晚上繼之照明的月亮卻在中天達到其最低點。這因為日、月都在黃道上運行（月亮視運動的軌道稱為白道，白道與黃道也有一定的交角。但其平均值是5度9分，這個值很小，因而在古代人們以為月亮也在黃道上運行，只是由於不穩定常常偏離黃道），當白天正午太陽在最低點即冬至點時，那麼在夜半，黃道上與冬至點差180度的夏至點正在中天最高點。所以，月亮在天上處於最高的位置。這就是太陽到了最南點，而月亮卻到了最北點。據此天象，古代人們心目中認為：日南至，月北至則寒；日北至，月南至則暑。用八卦來表示，是坎為月，離為日，坎與離相錯，卦象相互對立。因而日月運行，由其日月之對立而成寒暑。這正與卦象描述的相符。因此，日月的陰陽表現還形成寒暑的遞變。

《繫辭》對於日月相推形成的晝夜交替，還進一步說：「通乎晝夜之道而知」，這裡知是智慧的意思。即是若能對晝夜變易的道理弄清楚，就能掌握一陰一陽的對立轉化的規律，這就有了無窮的智慧，甚而可能預知吉凶。《周易集解》又引荀爽之說：「晝者為乾，夜者坤也。通於乾坤之道，無所不知矣」。即是進一步說晝夜之道即是天地之道。而天地之道也就是陰陽之道。

《繫辭》還說：「剛柔者，晝夜之象也」。剛為陽，柔為陰，「乾，陽物也；坤，陰物也，陰陽合德剛柔有體」等等，反覆說陰陽之義配日月的普遍意義，同時又反覆說明日月是天地陰陽之道的具體表現。

（六）天地上下動靜、方圓

大壯卦所表示的卦，反映了古代人們的一種關於天地的觀念，即天以其蒼穹似的圓形覆蓋著人類和萬物，而大地負載著人類和萬物。對於人類和萬物或主要是對於觀測者而言，呈現的是「天覆地載」的天地結構。《黃帝內經・寶命全形》就說：「天覆地載，萬物悉備，莫貴於人」，即是古代人們對天地結構的直觀認識，這樣自然呈現的天地之位。

《繫辭傳》認為：「天尊地卑，乾坤定矣」，即是說乾為天，坤為地，天在上而地在下，決定了乾尊而坤卑，乾貴而坤賤。即由天在上面地在下面的形勢，確定了乾坤的尊卑貴賤。大概對於這種天地的格局，《繫辭》認為是我們所居住的世界的根本要點。

世界的一切都是由這個根本要點發展出來的。對於這個天在上和地在下的天地結構形態，在古代是屬於蓋天說構思的天地宇宙類型。

在上面的天，《易傳》認為是不斷運動的，《象傳》就說：「天行健」。相對於天的不斷運動，大地則被認為是靜止的。《文言》就說：「坤至柔而動也剛，至靜而德方」。就是地相對於天而言是靜止的形態。對於《象傳》的說法，《文言》顯然是同意的，所以立刻說：「動靜有常，剛柔斷矣」。《周易集解》引虞翻說：「斷，分也，乾剛常動，坤柔常靜，分陰分陽，迭用柔剛」。因而除了天在上地在下以外，又突出了天動地靜的概念。

古代人們觀測到的天，除了日月星辰的不斷運動外，還

看到雲雷風雨之變動無常，這些都是隨天而動；在地上的山川草木卻是安靜地分布在大地上。動物（包括人）可在大地上任意行走，正因為大地的安靜和始終不變，所以《繫辭》認為：天動為剛，地靜為柔。「乾道成男，坤道成女。乾知大始，坤作成物。乾以易知，坤以簡能」。即由天動地靜推出乾為男，坤為女。乾稟元氣，坤任育體，即天是創始萬物之本原，地之所作是養成萬物。天之創始萬物和地之養育萬物並不是什麼特殊的智慧和能耐，而是天地這樣的存在，就有這樣的功能，其實是簡單而平易的。

由天地的動靜，進一步又推出天圓地方的天地形狀。前面述及宮室的圓頂視為對天的蒼穹的模擬，又說到日月星辰的運行，這些由天動而形成來往周回的圓周運行，因而天之圓的形狀大概是不言而喻的。至於地的形狀，《易傳》卻沒有明說。但《說卦傳》說：「坤為地，為母，為布等等」。說到為布，可能是與形狀有關，即可能認為大地像布一樣平展，把地比喻為一幅平展的大布或許是地方的一種說法。前引《文言》所說的「地至靜而德方」，似乎是說地為方，但不能指地體的形狀，而是說地德方，《周易本義》又引荀爽《九家集解》說坤還「為牝、為迷、為方……」，大概地方之說或有根據。

從《文言》關於坤「至靜而德方」之說，可以看到古人對天地的觀察，不只停留在直觀形態的描述，還要從外表形態中挖掘更深層的意義。從天體的周期性運行設想到天道為圓；從地面之山陵、河流等等固定不移，方方正正地分布在平展的大地上，推想到地德之方。《呂氏春秋‧圜道》對此

作了說明：「何以說天道之圓也？精氣一上一下，圓周複雜（匝），無所稽留，故曰天道圓。何以說地道之方也？萬物殊類殊形，皆有分職，不能相為，故曰地道方」。

《易傳》關於天地宇宙結構的概念就是：天在上而地在下，天動而地靜，天道圓而地德方，由此推導出天地宇宙間的一切法象和規則。並用《周易》來表述這一切法象和規則，前一段關於陰陽配日月就是一個例子。

（七）五歲再閏

前面已經說了《易經》提到的曆法是一種陰陽合曆的早期形態，即其紀日方法，主要是用干支紀日。是以一年大約有360日為基本，六個干支周約當一年日數的曆法（但要注意：一個回歸年本應有365.25日，古代人尚不能準確掌握一個準確日數，故只能大體上說一年有360日有餘），這就是陽曆。

因為所謂一回歸年是地球公轉一周的時間，但古人以為是太陽繞地一周的時間；同時還有「月」的概念，「月」是從月朔到月朔或是從月望到月望的周期長度，這是陰曆。

《易經》也有用陰曆紀日的痕跡，如「月幾望」。但這些在《易傳》中都已進展到系統曆法的程度，即古代的陰陽合曆，在《易傳》中已達到了完整的形態。由於《易傳》是在戰國時代及其以後形成的，那時雖然沒有一部普天之下統一共用的曆法，但各地有各地推行的曆法，這稱為古六曆。古六曆都屬於四分曆體系，即一個回歸年有365 ¼ 日。同時古六曆又採用朔望月系統，一個朔望月是月相一周的時間單

位。單純地月亮繞地球一周並不是一個朔望月，只是月亮、地球、太陽三者連續兩次成一線時（這時或是朔，或是望）的時間間隔，即是從朔到朔或從望到望的時間長度。

古代測一個朔望月的長度是 29.530851 日，這樣一年 12 個月就只有 354.37 日，與一回歸年大約差了 11 天。又由於一個月的實際時間不可能用分數表示，所以朔望月分為大月、小月。大月 30 日，小月 29 日，故一年 12 個月只有 354 日，因而實際差了 11 日多。

所以，為了調整月分與季節的對應，就要用加置閏月的方法來調整（古代的十二個月與四季是密切對應的，各季的三個月分別稱為該季的孟、仲、季月，如正月為孟春之月，六月為季夏之月等等。）

如果以朔望月為基礎的陰曆年系統，每隔三年插入一個閏月，即每 36 個朔望月加一個朔望月，則每年平均日數要比回歸年少。即若：$29.53085 \times 37 = 1092.64$，而三個回歸年日數 $365.25 \times 3 = 1095.75$，於是第一年陰曆年較回歸年少了 11 日，第二年陰曆年比回歸年要少 22 日多，第三年陰曆年加一個閏月則比回歸年少 3 日多。倘若陰曆年每八年插入三個閏月，則每年平均日數又比回歸年多了幾日。古人根據長年累月的經驗，發現 19 個陰曆年加上七個閏月，它的日數就和 19 個回歸年的日數幾乎相等。可以推算如下：

19 個回歸年的總日數：$19 \times 365.25 = 6939.75$ 日

19 年的月數：$19 \times 12 + 7 = 235$ 月

235 個月的總日數：$235 \times 29.53085 = 6939.94975$ 日

由於 19 年要加七個閏月，因此在實際設置閏月時，往

往採取三年置一個閏月，而後隔兩年再置一個閏月，即「三年一閏，五年再閏」的方法，這就是「十九年七閏」規則的具體實施。《繫辭》是在筮法中提到「五歲再閏」，將筮法與曆法中的安排聯繫起來，可能是想將天道貫穿於筮法中，以使筮法有一種「神」性。

（八）老少陰陽四象

前面講了仰觀天文，已經講到了天象，但那是人們觀察到的天象，並不是對天上的象進行有目的地觀察。然而《繫辭》說：「天垂象，見吉凶，聖人象之」。即是對天上的象做了有目的地考察，天垂的是日月運行之象，星辰分布之象。《繫辭》說《易》將這些象歸類為四種象，即少陽、老陽、少陰、老陰。以這四象表示事物之陰陽剛柔及其變化與否。這就是對天象做了系統的形而上的說明。將天象做這樣的劃分之後，也就有地上物候氣候的對應。比如春季對應於少陽，夏季對應於老陽，秋季對應於少陰，冬季對應於老陰。因此《繫辭》說的「天垂象，見吉凶」不是狹義的吉凶之占，而是從天象之所示，預測未來物候情況，占知收成是否豐盈或虧欠。漢宣帝時丞相魏相即以此理論作為治國之根據。史書記載魏相明《易經》，有師法。他曾表採《易陰陽》及《明堂月令》上奏議說：

> 天地變化，必由陰陽。陰陽之分，以日為紀。日冬夏至則八風之序立，萬物之性成，各有常職，不得相干。……茲五帝所司，各有時也。東方之卦不可以治西方，南方之卦不可以治北方。春興兌治則饑，秋興震治

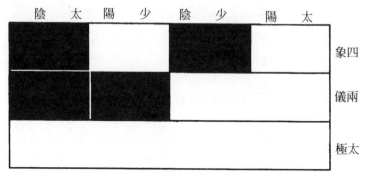

太極兩儀生四象圖

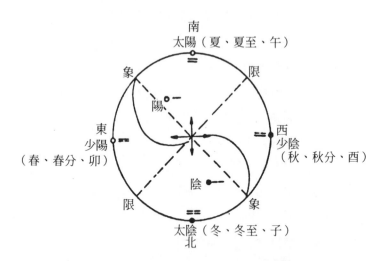

圖2-12　老少陰陽四象圖

（上圖是太極兩儀生四象圖，前面講八卦方位時列出伏羲先天八卦生成次序之時，已經列出此四象。下圖進一步將老少陰陽與季節、方位的關係示出。）

則華，冬興離治則泄，夏興坎治則雹。明王謹於尊天，慎天養人，故立羲和之官以乘四時，節授民事。君動靜以道，奉順陰陽，則日月光明，風雨時節，寒暑調和。

魏相就是根據老少陰陽的劃分做論述的，並沒有滲入五行，除了他論述中央而及於五帝外，並無一字及於五行，其本義就是：

天地變化僅僅由於陰陽，而如何區分陰陽呢？是以太陽的運行為準。冬至、夏至測準了，那麼，四時八節的次序也就確立了。在什麼節令之下，萬物就會是什麼樣，這由萬物各自的本性而定，各節令也有各自的職責，不能互相干擾。

他在詳述了東南西北中諸神分治春夏秋冬和長夏後，認為這是五帝所執掌，各有一定的時限。東方之卦（震）不可以治西方，南方之卦（離）不可以治北方。當然反過來也是如此，即西方之卦（兌）不可以治東方，北方之卦（坎）不可以治南方。故而他說，春天兌卦興就會饑荒，秋天震卦興就花木不凋，冬天離卦興就會氣亂，夏天坎卦興則會有冰雹。英明的君主要嚴格遵守天道，要謹慎地養育人民，所以要立羲和（古代天文執事者）之官以掌握四時的變遷，按節令安排民事。君主動靜都恪守天道，奉順陰陽，那就會日月光明，風雨及時，寒暑調和。

可見魏相就是根據《繫辭》之「《易》有四象，所以示也」，將遵照天象所示與恪守節令聯繫起來。而魏相只說四時，只言東南西北方，即四方四時是其主要考慮的內容。這正是《易》中老少陰陽的主要方面。

接替魏相當丞相的丙吉，就直接用事例對此加以說明。

有一次春日他乘牛車外出，先看到有人打群架，已有死傷，但他未加理會。後又看到有人趕牛，牛喘吐舌。他叫停車，派人查問牛走了多少路，很表關心。

其屬下認為他該管的不管，不該管的倒問得詳細，丙吉不以為然。他說：「群毆是地方官的事，我作為宰相怎能管這些小事。而趕牛卻要過問，因『方春少陽用事，未可大熱，恐牛近行，用暑故喘，此時氣失節，恐有所傷害也。三公典調和陰陽，職所當憂，是以問之』」。此說春為少陽用事，還沒有熱起來，如果牛沒走多少路就喘著吐舌頭，就是暑熱過早來臨，這就是時氣不合節令，那就會帶來傷害。三公的職分就是調和陰陽。

由魏相、丙吉的事例可以看出，《繫辭》將天象與老少陰陽四象的聯繫，曾經對政治、管理和天文都有過影響，也是《漢易》的一項重要內容。

【註　釋】

❶　高亨：《周易大傳今注》，齊魯書社 1987 年。

❷　中國科學院自然科學史研究所編，《錢寶琮科學史論文選集》第一版，科學出版社，1983 年。

❸、❹　陸績之說均引自《唐開元占經》卷一、卷二，中國書店1989 年第一版。

第三章
易學與曆法(一)

　　《周易》經傳的研究後來得到更進一步的發展。特別是漢朝以來，由於儒學經學確定和發展，《周易》被列為群經之首，人們對它的研究形成了一種專門的學問，就形成為「易學」。

　　由於易學遠較《周易》經傳的內容豐富，其涉及天文曆法的內容也比較龐雜，所以，本章只能作簡明的論述。

　　第一、二章中已將《周易》中的天文曆法內容作了扼要的說明，只是無論《易經》或《易傳》都當其所述及天文曆法時才約略地附帶提一下，並不深入或專門談及。但後世《周易》的研究者，特別是用《易傳》中提及的天文曆法內容作了進一步的推廣。這就是易學中的天文曆法。

　　本章首先敘述八卦曆法方面。

一、八卦曆法

　　在第一章中就已說過古代採用干支紀日法。這種紀日法的特點是十日一旬，每旬以甲為首，共有甲子、甲戌、甲申、甲午、甲辰、甲寅六旬，故說：「六旬而周甲」，即曆六旬而完成一個干支周（六十花甲子）。歷經六個干支周大體上就是一歲（古代以一回歸年稱為一歲）了。還有與這種

紀日法相配合的陰曆系統。由 12 個朔望月組成一年（古代特稱為年）。這兩個系統共同組成具有中國特色的陰陽曆。

現在單說陽曆系統。陽曆系統除回歸年及其計日法外，還有一項具有中國特色的部分，即二十四節氣。二十四節氣全名，前已說過最早見於《淮南子・天文訓》。但在全部二十四節氣名稱出現之前，已有關於二十四節氣的部分名稱先後出現。

二十四節氣中最先出現的名稱是二分二至。《尚書・堯

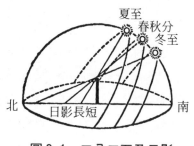

圖 3-1　二分二至及日影

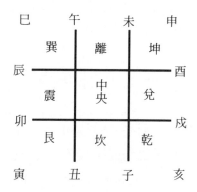

圖 3-2　八卦與十二支

（十二支指明了月份和方位）

典》有四仲中星。即日中星鳥，以殷仲春。日永星火，以正仲夏。宵中星虛，以殷仲秋，日短星昴，以正仲冬。這實際就是二分二至的記錄。但還沒有冬至、春分、夏至、秋分的名稱。因為古人使用土圭測日影，就能相當準確地規定這四氣。比如《左傳》僖公五年正月辛亥和昭公二十年二月己丑兩次記錄了「日南至」（也就是冬至）。

有了二分二至之後，就是八節。即在二分二至的基礎上又加上立春、立夏、立秋、立冬的四立。這四立二分二至稱為四時八節。《周髀算經》載了八節二十四氣，趙爽注稱：「二至者寒暑之極，二分者陰陽之和，四立者生長收藏之始，是為八節」。八節系統建立之後，就形成了一年八個時間單位的曆法。八節的每一節45天或46天，即每一節包含了三個節氣的長度。

這種八節曆法在《易經》時代大約還沒有確立，但在《易傳》時代可能已經相當成熟。《史記‧律書》詳細講了這種八節曆法。它以八方風為引，這八方風的排列，附以星宿、月份、律名、干支等等。這八方風為主的曆法本質上只是八節曆法的詳細的安排。除《史記‧律書》外，還可以在《黃帝內經‧靈樞》裡看到九宮八風圖。

《靈樞經‧卷十一》的第77篇《九宮八風》說：「太一常以冬至之日，居葉蟄之宮四十六日，明日居天留四十六日，明日居倉門四十六日，明日居陰洛四十五日，明日居天宮四十六日，明日居玄委四十六日，明日居倉果四十六日，明日居新洛四十五日，明日復居葉蟄之宮，曰冬至矣」。即是說冬至太一居葉蟄宮。過了46天，太一就到了天留宮等

立秋二 玄委 西南方　　新洛 立冬六 西北方　　招搖中央　　陰洛 立夏四 東南方　　立春八 天留 東北方

秋分七 倉果 西方　　上天 夏至九 南方　　冬至一 葉蟄 北方　　春分三 倉門 東方

圖3-3　九宮八風圖

等。與八卦對應起來，葉蟄宮就是坎卦所在宮，天留宮就是艮宮，倉門宮就是震宮等等。與節令對應起來就是葉蟄宮對應於冬至，天留宮對應於立春，倉門宮對應於春分等。《靈樞》的九宮八風圖就是上面的這幅圖：

　　這幅圖抄自人民衛生出版社據〔明〕趙府居敬堂刊本之影印本。《靈樞・九宮八風》篇還進一步報導了太一的運行細節，其說：「太一日遊，以冬至之日居葉蟄之宮。數所在日，從一處，至九日，復返於一。常如是無已，終而復始」。就是說太一除了每46日（或45日）居於八宮之一外，還要每天遊一宮。他舉例說太一在冬至日居葉蟄宮，然

後每日移一宮。太一從一處起行，經過九日後，太一又回到一處。這裡的「一處」，從舉例而言即是指一宮，或說坎宮或葉蟄宮。從一般性而言是指某處或某宮。但這裡沒有明確說明太一運行的路線。如果仿照太一環行八宮的路線日遊，那麼就應是：

若第一日太一在葉蟄坎宮，第二日就移到天留艮宮，第三日到倉門震宮，然後曆陰洛巽宮、上天離宮、玄委坤宮、倉果兌宮、新洛乾宮，如此到第九日又回到葉蟄坎宮。但這就與太一在葉蟄宮46日的安排不協調。因若如此環行五周回到葉蟄宮是第41日，於是第42日在天留艮宮，43日在倉門震宮，44日到陰洛巽宮，45日居上天離宮，46日當在玄委坤宮，而不是在葉蟄坎宮，就不可能明日去居天留宮。

《九宮八風圖》中明確指出：葉蟄宮在北方，於節令為冬至，於宮數為一。天留宮在東北方，於節令為立春，於宮數為八。倉門宮則在東方，於節令為春分，於宮數為三等等。即是說太一日遊，若第一日在葉蟄宮，第二日就日遊至玄委坤二宮，第三日就日遊到倉門震三宮，第四日到陰洛巽四宮，第五日至中央招搖宮，第六日至新洛乾六宮，第七日到倉果兌七宮，第八日到天留艮八宮，第九日到上天離宮，然後第十日回到葉蟄宮。第十一日又到玄委坤二宮等等，此後經歷倉門、陰洛、招搖、新洛、倉果、天留、上天各處。

太一在第19日再回葉蟄坎一宮。由此可以推出第28日、第37日、第46日太一都在葉蟄宮。於是太一就會「明日居天留宮46日」。再順天運行至倉門、陰洛等宮。在陰洛宮只停45日，這短少的一日如何在其日遊中補過來沒有

說明。但從八宮日數的分布可知，太一一周的行程，因陰洛和新洛各短一日而為 366 日，這正與一歲日數相應。新洛在冬至前，陰洛在夏至前，所以各在至日前扣去一天。可能是在至日之前便於作出曆日的調整。

九宮八風除去占測的說明之外，其主要內容就是將一年的曆日壓縮在一個圖中表示出來。如果所在之日在陰洛宮，即是在立夏之後，那麼再看其日遊，就可確定所在日太一居何宮。或者反過來，知太一在何宮，就可反推出所在日距立夏之日數。如果再將其占測之詞，如「太一在冬至之日有變，占在君。太一在春分之日有變，占在相。太一在中宮之日有變，占在吏。太一在秋分之日有變，占在將。太一在夏至之日有變，占在百姓。」將二分二至和中宮特別加以點明，就是要在使用九宮八風圖時，幾個明顯的標誌可以作為校準之用。特別要提到的是中宮（招搖）。關於太一在八宮的徙移中，並沒有涉及中宮。但在太一日遊中，卻在每一個節令中有五次涉入中宮，並且在《九宮八風》篇中說：「是故太一徙立於中宮，乃朝八風，以占吉凶也。」這說明設立中宮是用八卦紀日的一個必要的補充，使得八卦紀日法得以有效地被運用。

1977 年在安徽阜陽發掘了漢初汝陰候夏侯嬰的兒子夏侯灶的墓，出土的器物中有兩個星占家用的式盤。其中一個考古家命名為「太乙九宮占盤」或稱為「太一式盤」。這個式盤的圖登載於《考古》1978 年 5 期，也登載於《考古學報》1985 年第四期。這裡為了比對起見，繪一示意圖如下（圖 3-4）：

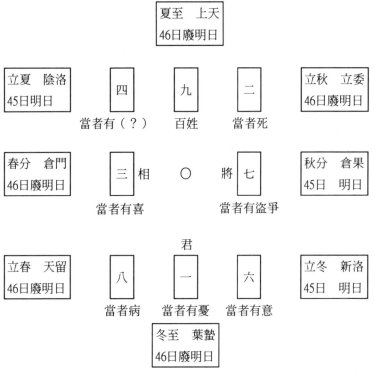

圖 3-4　安徽阜陽夏侯灶墓出土的西漢太一九宮占盤（1977）
示意圖

　　這個圖中外面八個方框與九宮八風圖全同。當者□□為
占辭，君相百姓等為人之類別。

　　從這個《太一九宮占盤》的示意圖可以看出，它與《靈
樞‧九宮八風》篇所示的《九宮八風圖》基本相同。《靈
樞》沒有將占辭示於九宮八風圖中，而是在文中介紹。《九
宮八風》篇中講了中宮，而這個圖的中心只畫了一個小圈。
另外示意圖在周邊八宮中附以「當者有憂」等占辭，《九宮

八風》篇中則講八方風來會傷害人體的內外部位。可見《太一九宮占盤》是占吉凶，而《九宮八風》主要占人體和歲時。特別是《太一九宮占盤》除陰洛巽宮和新洛乾宮太一居45日外，在倉果兌宮亦只停留45日，於是太一行一周共曆365日，較《九宮八風圖》少了一日。

由《太一九宮占盤》可知，西漢早期或更早時八卦紀日法就已盛行。而且至遲在西漢早期已經有製作精良的這種八卦曆曆盤行世。由於前面引用的資料中都說到了占辭，似乎只是星占家或醫家用的曆盤。其實不是這樣，這些曆盤亦被一般老百姓採用，就等於是一種曆書。太一《九宮八風圖》作為一種計時方法，特別是太一日遊的那種運行方式，應該有其理由。

《易緯・乾鑿度》對這種八卦曆做了一種解釋。其說為：

易一陰一陽合為十五之謂道。陽變七之九，陰變八之六，亦合於十五，則象變之數若一。陽動而進，變七之九，象其氣之息也。陰動而退，變八之六，象其氣消也。故太一取其數以行九宮，四正四維皆合於十五。

對這一論述，鄭玄作了注，說：

太乙者北辰之神名也。居其所曰太乙，常行於八卦日辰之間，曰天一或曰太一。出入所遊，息於紫宮之內外，其星因以為名焉。四正四維，以八卦神所居，故亦名之曰宮。太一下行八卦之宮，每四乃還於中央。中央者北辰之所居，故因謂之九宮。天數大分，以陽出，以陰入。陽起於子，陰起於午。太一下九宮，從坎宮始。

自此而從於坤宮，又自此而從震宮，又自此而從巽宮，還息於中央之宮。即由自此而從乾宮，自此而從兌宮，又自此從於離宮。行則周矣，上遊息於太一天一之宮，而反於紫宮。

這裡主要說了九宮、太一和天一之運行。

先說關於九宮。九宮的結構是「四正四維皆合於十五」。為什麼要合於十五？因為《易》乃一陰一陽之謂道。陽變由七之九，即是陽動而進。陰變由八之六，即是陰動而退。七八為象，九六為變，象數合為十五，變數亦合為十五。將此十五數分布於九宮，使四正四維合於十五，就是一個三階幻方。即是《洛書》的龜象，其數之分布是：「戴九履一，左三右七，二四為肩，六八為足。五在中央」。一如前引《九宮八風圖》之所示。因為這種分布會使九宮圖中凡成直線之三數字和皆為十五。這就解釋了九宮何以一宮應坎數，二宮應坤數等等，即解釋了九宮何以作如此之分布。

再說關於太一。鄭玄注作了說明，說是北辰之神名是太乙，或者是神居於北極者名太乙。太乙神經常出遊，常遊行於八卦日辰之間，這時稱做天一或叫太一。太乙出行，回來後居於紫宮之內（北辰在紫宮內），有時暫時休息於紫宮之外。休息於紫宮外之某處也是兩顆星，這兩顆星就以太一和天一之名而定名。

《史記‧天官書》說：「中宮。天極星，其一明者，太一常居也。」據錢寶琮考查：「二千年以前的北極星並不在現在北極星的地方，在那個時期，β星（β Ursa Minor，小熊座β星）離開北極不過七、八度，的確是一個北極附近最

為顯著的明星。」此即太一居於紫宮內的星座。

紫宮內的天極星共有五顆，其中最明亮的是天極第二星，名帝星，即小熊 β 星，為太一之常居。其第一星名太子，為小熊 γ 星，其第三星名庶子，第四星為後宮，第五星名天樞。兩千年前北天極近於帝星，故認為太一常居於此。由於太一只是北辰之神名，北辰就是北天極，所以太一就是天極之神。太一在紫宮外的休息處是「太一」和「天一」兩星。《晉書・天文志》說：「天一星在紫宮門右星南，天帝之神也，主戰鬥，知人吉凶者也。太一星在天一南，相近，亦天帝神也，主使十六神，知風雨水旱，兵革饑饉，疾疫災害所在之國也。」

這兩顆星位於紫宮大門口的右樞星之南，右樞星即是天龍座 α 星，其亮度為 3.64 等。天一星即是天龍 10 星，是顆近五等的星。太一在它旁邊，亮度更暗，難以察認。

太一的運行實際就是《靈樞・九宮八風》中太一日遊的運行路線。但強調「四正四維，以八卦神所居，故亦名之曰宮。太一下行八卦之宮，每四乃還於中央。中央者北辰之所居，故因謂之九宮。」這就是說整個九宮是具有立體形狀的。紫宮高聳，而北辰又在紫宮之最高層，而四正四維的八卦之宮是在其下面，故太一下行八卦之宮。這個立體形狀的九宮可能是對蒼穹形的天體的描繪。

《易緯・乾鑿度》所說的太一行九宮，顯然較《靈樞・九宮八風》要複雜一些。它還提到「陽起於子，限起於午」，即是說九宮又加上了十二支方位。八卦宮位與十二支方位之對應，是四正宮與四正方位相重合，即坎宮與子位相

合，震宮與卯位相合，離宮與午位相合，兌宮與酉位相合，其餘四隅宮位與其餘八支對應，即艮宮對應於丑寅二位，巽宮對應於辰巳二位，坤宮對應於未申二位，乾宮對應於戌亥二位。由於說到陽起於子，即太一從坎宮出發，但陰起於午，即應從離宮出發，因此太一就要分為陰陽。不過《易緯·乾鑿度》沒有對「陰起於午」立即作進一步的闡發。

二、五運六氣曆和八卦六甲曆

遁甲式現在被看作是一種術數，被人們列為偽科學之列。但撇開其虛妄的神秘意義不論，它實際上是一種八卦曆，是從八卦曆發展而來。

《遁甲演義》（載於《四庫全書·子部七》「術數類六」）說遁甲式源流時說：

> 昔黃帝始創奇門四千三百二十局法。乃歲按八卦分八節，節有三氣，歲大率二十四氣也。氣有天地人三候，歲大率七十二候也。候有五日，歲大率三百六十日也。日有十二時，歲大率四千三百二十時也。一時一局，故奇門四千三百二十局也。

這一段敘述說明了兩點。

第一，在按八卦分八節的基礎上，按每節有三氣，於是將二十四節氣引入系統。二十四節氣的每一氣又為三候，於是全年七十二候。每候五日，每日12時，故每候60時。即分割更細。

第二是依然以一歲為週期，論及八節、二十四節氣、七

十二候，論及日和時，卻絕不論及月份。這就說明了八卦曆的太陽曆本質。八卦曆的太陽曆性質，充分反映了《易》的特色。即注意日月的運行與地面氣候物候的本質關係，注意天度和氣數的關係，注意天地陰陽的消息盈虛。

（一）五運六氣曆

遁甲式說的八卦曆系統，首先載明在《黃帝內經·素問》中所論述的五運六氣曆中，它做了比較全面的表述。故而本節先簡明介紹這一曆法系統。

五運六氣曆的基礎與《九宮八方圖》不盡相同，主要在於不直接與八卦八節相聯繫，而是與八節的三倍，即二十四節氣直接關連起來。但要注意，二十四節氣是作為一年內各時間周期的標誌點，其所在宮位仍是用八卦八節來表示。且八節自身也是二十四節氣的一部分，四立二分二至都屬二十四節氣。

五運六氣曆將一年分為六步，也稱六氣。每一步氣占二十四氣中的四個節氣。每年的六步氣是：

第一步氣始於大寒，歷經立春、雨水、驚蟄；

第二步氣始於春分，歷經清明、穀雨、立夏；

第三步氣始於小滿，歷經芒種、夏至、小暑；

第四步氣始於大暑，歷經立秋、處暑、白露；

第五步氣始於秋分，歷經寒露、霜降、立冬；

第六步氣始於小雪，歷經大雪、冬至、小寒。

然後又進入次年第一步氣大寒。

由上述六步氣中二十四節氣的分布可以看出，各步氣的

起始點均為中氣,第二和第五步氣正是春分和秋分。春分是第一步氣與第二步氣的分界;秋分是第四步氣與第五步氣的分界。如果將第一步氣至第三步氣看作上半年,第四步氣至第六步氣看作下半年。則第二步氣為上半年的中間,第五步氣是下半年之中間。於是二分點就是上半年和下半年的中點,這稱做「分則氣分」。就是說春秋二分時是氣的分界線。

這二十四節氣在六步氣的分布中還可以看到在上半年陽氣當令時,陽氣鼎盛的極點是夏至,而這也正是一個轉折點,即在夏至就開始了一陰生,從此陰氣逐漸增長。夏至正是上半年第三步氣的中間,表示到了上半年亢位的情況。同樣在下半年陰氣當令時,陰氣到了極點的情況是冬至,而冬至也開始一陽生。而冬至居於第六步氣之中間。這種情況稱作「至則氣至」,即是說至是表示陰陽氣到了極點。所以五運六氣曆劃分的原則就是這「分則氣分,至則氣至」八個字。這正表示了以氣數與天度相應的原則。至點不在第三步氣和第六步氣之最後,而居於中間,這表示了這兩步氣是陰陽二氣由小至極而又返還的標誌點。

五運六氣曆的每一步氣占四個節氣的長度,大率說來是六十天,其所以取大率六十天的理由是與六十干支有一種對應的關係。《黃帝內經·素問》中說:

> 天以六六為節,地以九九制會。天有十日,日六竟而周甲,甲六復而終歲,三百六十日法也。(《六節藏象》篇)

前已說過《易經》或《易傳》中的記日法就是干支紀

日。以干支紀日就是「天以六六為節」的曆法系統，也就是陽曆體系。

　　在此附帶說一下《黃帝內經》關於月亮的一些論述。因為在《易經》中提到了「月幾望」，即以月亮相位也作為紀日的一種方法。《內經》與之基本相似，只是觀測月相，確定月之盛虛。其《八正神明論》篇說道：

> 月始生則血氣始精，衛氣始行。月廓滿則血氣實，肌肉堅。月廓空則肌肉減，經絡虛。

一連提出了三種月象：即月始生，當為朏的情況；月廓滿，當即望，滿月之時；月廓空，當是晦朔之際。這裡沒有將月相變化與紀日聯繫起來，只與人體作了聯繫。但在《靈樞·歲露》中敘述了與紀日有關者：

> 人與天地相參也，與日月相應也。故月滿則海水西盛，人血氣積……至其月廓空則海水東盛，人氣血虛……。

即認為月亮是引起潮汐的主要因素，既然月亮引起了地上水流的變化，那麼，也就會對人體中流動的血氣引起變化。東漢哲學家王充在其《論衡·書虛篇》中寫道：

> 夫地之有百川也，猶人之有血脈也，血脈流行，泛揚動靜，自有節度，百川亦然，其潮汐往來，猶人之呼吸，氣出入也。

由於潮汐是與月相有關，因而用月象來紀潮汐盛衰之日。另外，《內經》有用月相描述人體氣血運行週期的傾向。但這種紀日法只是《五運六氣曆》為描述人體的輔助紀日方法。

（二）八卦六甲曆

八卦六甲曆也可稱為遁甲式紀日法。這種紀日法似乎完全採納了《黃帝內經·五運六氣》對一年周期的處理方式。也是將一年分成六大段，每段亦為60日。但卻不以這六段作為時間單位，而是直接以二十四節氣為主要時間單位，從而將七十二候作為更基本的時間單位納入八卦系統。遁甲式紀日法重點關注的是將60個干支對（即六十花甲）與八卦九宮直接聯繫起來，這與五運六氣曆將六步氣與太一日遊九宮同時使用至少精神一致。

要將60個干支對分布於八卦九宮體系之中勢必要擴展干支對，或者擴展八卦九宮。擴展八卦九宮自是不容考慮（因為那是制定曆法的宇宙論前提），只有將干支對做進一步擴展。

為什麼勢必要擴展干支對呢？就因為60與9不能通約，60個干支對不能均勻分布於九宮。要能使干支均勻分布於九宮，就要求取60與9的最小公倍數，這個數是180，即180與9能除盡。180這個數恰符合半年的大率日數或整日數，所以半年的整日數可在九宮中均勻分布。

180個干支對是六十花甲的三倍，即包含三個六十干支周，因而稱其為上中下三元，每一元即一個干支周。屬於上元的60個干支對先在九宮中分布，也是和九宮八風盤一樣從坎宮起。仿《九宮八風》中的太一日遊遍曆九宮。

第一個干支對為甲子布於一宮坎，次一干支對乙丑就布於二宮坤，第三干支對丙寅就布在三宮震，第四干支對丁卯

就布在四宮巽，第五干支對戊辰排在中五宮，第六干支對已巳排在六宮乾，第七干支對庚午排在七宮兌，第八干支對辛未排在八宮艮，第九干支對壬申排在九宮離，第十個干支對癸酉又依次排在一宮坎，第十一個干支對甲戌就依次排在二宮坤，如此一一排去，至第 21 個干支對甲申就排在一宮坎，第 31 個干支對甲午就排在四宮巽，第 41 個干支對甲辰依次排在中五宮，第 51 個干支對甲寅就排在六宮乾，至第 60 個干支對癸亥也排在六宮乾，至此上元甲子周分排完畢。

以下是第 71 個干支對甲子，即是中元干支周第一個干支對，不是排在一宮坎，而是依次排在七宮兌。如此依次順排，中元第 11 個干支對甲戌排在八宮艮，中元第 21 個干支對甲申布在九宮離，中元第 31 個干支對甲午布在一宮坎，中元第 41 干支對甲辰排在二宮坤，中元最後一個六甲旬首即第 51 干支對甲寅排在三宮震。中元干支周最後一個干支對癸亥也在三宮震。至此中元干支周排布完畢。

然後接著下元干支周第一個干支對（於 180 個干支對排在第 121 位）依次順排於四宮巽。其餘下元六甲旬首甲戌、甲申、甲午、甲辰、甲寅依次排在中五、六乾、七兌、八艮、九離諸宮。其末一旬首甲寅在離九宮，其下元干支周最後一個干支對癸亥亦在離九宮。至此三元干支周全部分排於九宮。而再接第 181 個干支對，即又復上元甲子，仍當自一宮坎起。

不過，具體情況要稍微複雜一些，後面就會談到。

從上述干支周納入九宮的過程中，我們已經看到其六甲旬首的排列是很規則的。即甲子依上中下局之序排列分別為

一七四宮，甲戌分布在二八五宮，甲申分布於三九六宮，甲午分布於四一七宮，甲辰分布於五二八宮，甲寅分布於六三九宮。

從一年而言，一年日的大率整數是 360 日，即包括兩個三元，兩個 180 日。據易卦曆術，冬至後陽氣漸長，至夏至為鼎盛；夏至後陰氣漸長，至冬至達鼎盛。所以，冬至後的 180 日稱為陽遁三元，而在夏至後的 180 日則稱為陰遁三元。陽遁三元的排布已於前述，而陰循三元的排布又如何呢？這就按照前面所引《易緯・乾鑿度》所說太一行九宮的法則，即「陽起於子，陰起於午」。

既然陽遁三元從坎宮起，那麼陰遁三元就應從離宮開始。其上元第一個干支對甲子排在九宮離，由於陰遁逆行，故依次第二個干支對乙丑排在八宮艮，第三個干支對丙寅排在七宮兌，第四個干支對丁卯排在六宮乾，第五個干支對戊辰排在中五宮，第六個干支對已巳排在四宮巽，第七個干支對庚午排在三宮震，第八個干支對辛未排在二宮坤，第九個干支對壬申排在一宮坎，第十個干支對癸酉排在九宮離，第 11 個干支對甲戌排在八宮艮。

仿前述之法可知，第 21 個干支對甲申排在七宮兌，第 31 個干支對甲午排在六宮乾，第 41 個干支對甲辰排在中五宮，第 51 個干支對甲寅排在四宮巽。如此逆排，陰遁上元最後一個干支對癸亥排在四宮巽。至此陰遁上元 60 個干支對一周排布完結。

那麼，下一個干支對，即陰遁中元第一干支對甲子排在三宮震。其餘六甲旬首之排布為：甲戌排在二宮坤，甲申排

在一宮坎，甲午排在九宮離，甲辰排在八宮艮，甲寅排在七宮兌。陰遁中元最後一個干支對癸亥排在七宮兌。至此陰遁中元 60 干支周排布完畢。

以下即陰遁下元入局，陰遁下元之六甲句首分布為：甲子居乾六宮，甲戌居中五宮，甲申排在巽四宮，甲午排在震三宮，甲辰排在坤二宮，甲寅排在坎一宮。至此陰遁下元局的最後一個干支對癸亥排在坎一宮。

如果有第 181 個干支對甲子，當又從離宮入式。但是，緊接陰遁下元局的是陽遁上元局。陽遁又當從坎宮入式。所以，遁甲式分陰陽兩遁，實質上是其八卦曆的一種更為明確的表述方式。

陰遁六甲句首的排列也具同樣的規則：甲子句首依上中下局之序分別排在九三六宮，甲戌句首按序分別排在八二五宮，甲申句首按序分別排在七一四宮，甲午句首按序分別排在六九三宮，甲辰句首按序分別排在五八二宮，甲寅句首按序分別排在四七一宮。

以上所述實際是古代人們仿《周易》建立的八卦六甲曆法體系。這個曆法體系將六甲干支周與八卦系統結合成一體，也將八卦曆與陰陽曆做了進一步的結合。例如，已知六甲句首之宮位，已知某個干支對屬何遁（即這個干支對在上半年或下半年）何元（即上中下三元之那一元，一元時間跨度大約兩個月），就立即可知其九宮的位置。例如戊寅日，很方便地可推出它在甲戌句中，若已知屬陰遁（下半年）下元局（當在霜降至冬至間）。故知甲戌句頭在中五宮，於是第二乙亥在四宮，第三丙子在三宮，第四丁丑在第二宮，第

五戊寅在一宮。故立刻可知下半年霜降後戊寅日在一宮坎。當然也可以逆推,即由宮位和日子反求干支對等。

　　這樣定下的曆日系統是遁甲式的基礎。但作為遁甲式曆法有一個帶關鍵性的問題沒有解決,那就是若要將八卦六甲曆與一歲(回歸年)對應起來,就要將一回歸年的全部日數,而不是只整數日(360日)與九宮對應起來。而前面所述的只是將一回歸年的整日數360與八卦九宮對應,還有一個零頭即 $5\frac{1}{4}$ 沒有安排。為了處理好這個 $5\frac{1}{4}$ 日的零頭,遁甲式制定了一個稱為「超神接氣」的置閏辦法。

三、遁甲式八卦曆

　　遁甲式紀日法實際上只是將八卦紀日與六十干支對結合起來,因此,它只是八卦六甲曆法。遁甲式要求建立的不只是用八卦九宮納以干支紀日,而是要求能將一個回歸年的日數全部有序地納入八卦九宮系統中。這其實就是要妥善處理360個整數日外的餘零部分,即那 $5\frac{1}{4}$ 日,將此餘零部分納入八卦九宮中去。但困難的是必須遵守八卦六甲曆術規定的六甲旬首的移宮規則,即是六甲所在宮位一定。因為如果不遵守此規則,六甲與八卦九宮的結合就被破壞了。若謹守這一規則,那麼,一年的餘零日數就難以插入八卦九宮中去。因此,遁甲式又對八卦六甲曆術作了通盤的處理。

　　首先是考慮將60個干支對作出適當的劃分,以期使60

個干支周與二十四節氣，從而與七十二候有某種有效的對應。由於一個節氣為 15 日稍多，60 干支周就要劃分為四部分才能與之對應。這在《五運六氣曆》中已經顯示了這一點。遁甲式採取的方法是六甲三元劃分。

所謂六甲三元劃分就是將 60 干支對分為四個部分。第一部分從甲子到戊寅共 15 個干支對；第二部分從己卯到癸巳共 15 個干支對；第三部分是從甲午到戊申的 15 個干支對；第四部分是從己酉到癸亥的 15 個干支對。然後第一部分又分為三份，第一份五個干支對。這實際上就是對應於每一節氣的三候。其排列如下：

	上元	甲子、乙丑、丙寅、丁卯、戊辰
第一部分	中元	己巳、庚午、辛未、壬申、癸酉
	下元	甲戌、乙亥、丙子、丁丑、戊寅
	上元	己卯、庚辰、辛巳、壬午、癸未
第二部分	中元	甲申、乙酉、丙戌、丁亥、戊子
	下元	己丑、庚寅、辛卯、壬辰、癸巳
	上元	甲午、乙未、丙申、丁酉、戊戌
第三部分	中元	己亥、庚子、辛丑、壬寅、癸卯
	下元	甲辰、乙巳、丙午、丁未、戊申
	上元	己酉、庚戌、辛亥、壬子、癸丑
第四部分	中元	甲寅、乙卯、丙辰、丁巳、戊午
	下元	己未、庚申、辛酉、壬戌、癸亥

於是每五日為一元。由這個劃分可以看出如下規則：甲己干加子午卯酉為上元，甲己干加寅申巳亥為中元，甲己干

加辰戌丑未為下元。即不論哪一部哪一元，其排頭干支對的干非甲即己。因而將甲和己稱做「三元符頭」，簡稱為「符頭」。

以 60 個干支對劃分的時間段，就是確確實實的 15 天，不多也不少。但在二十四節氣，每一節氣的平均長度應是 $15\frac{1010}{4617}$ 日，即 15.21785 日，並不準確地是 15 天。因此，如果冬至日正好是甲子日，那麼，歷經 15 天後的一日（即是己卯日），並不一定對應於小寒節，平均說來差了近 1／5 日。當然有時可能由於差數甚微，己卯日也可以與小寒節對應，即小寒節仍在己卯日，但交節時刻卻不在子夜的換日時刻，而是平均說來在卯時（與夜半差約 5 小時）。如果再過一個節氣，即到了甲午日，這日與大寒節相應，可以推算，即或是仍在同一日，但大寒交節時刻已差半日。

這樣下去，交節日與符頭日越差越遠，這就要考慮採取某種辦法，以調整符頭與節氣之對應，使八卦六甲曆與實際天象和節令合拍。

古代遁甲式認為節氣有「羨餘」，而支干無羨餘。所謂羨餘，是古代官府征錢糧稅時，因有損耗而多徵一部分附加稅。這部分附加稅除折抵實際損耗外，還剩下一部分就叫做羨餘。因為節氣有羨餘，所以，節氣常常延長而滯後，而顯得符頭超前於節氣先到。由於遁甲式以八卦六甲曆紀日，故以符頭為主。

照應節氣，即是說若符頭先於節氣到，則用符頭算這一節氣的開始，而不是等到節氣到了才起算，這就叫做「超

神」。即是說日辰超在節氣之先。如果節氣與符頭重合，這叫做「正授」，就是視符頭節氣處於正常或說是理想狀態。如果節氣先於符頭到，那麼，也仍然以符頭為主，要等到符頭日辰到才算這一節氣，這稱做「接氣」。往往先是「超神」，超之過久就使得符頭與節氣相差太遠，達 10 日以上，這時就要加置一個節氣稱為閏。

　　加置一個閏節氣之後，可能出現「接氣」，即節氣先於符頭，而後逐漸趨於「正授」。「正授」之後又是超神。這就是遁甲式曆的基本情況。

　　但是具體說來，「超神接氣」的方法還得舉例才能說明白。《遁甲演義》舉的例是：「假如丙午年四月十三日壬申交立夏節，然四月初五是甲子，已在立夏前九日，則合超神。先於甲子下用立夏上局奇，已巳後用中局。此乃先得奇，後得節」。又舉例說：「如十一月初二日庚寅大雪節，目前己卯至庚寅已超十二日矣（己卯是上元符頭）。是過旬也，餘無再超之理。至此合用閏。閏者何也？自甲午（己卯後之上元符頭）至戊申（甲午為上元符頭這一部的最後一日）對此十五日，重複大雪節前局奇，十六日甲辰交冬至節，方用冬至下局，謂之接也」。這個例子較為難以一目了然，故要稍做解說。

　　十一月初二庚寅這一天交大雪節，因為己卯上元符頭已在十二日前到位，這時即已認為是大雪節下，所以大雪節已過上、中兩局（一局即一元，當五日），下局也已過一日。但十一月初二庚寅交大雪節，因而這一局的庚寅、辛卯、壬辰、癸巳四日應視為大雪節的下局，至甲午日（初六）視為

閏大雪節上局，至己亥日（十一）為閏大雪節中局。十六日甲辰交冬至節，但符頭己酉還未到（甲午後之上元符頭）。因甲己干加辰戌丑位為下元。所以十六日甲辰是下元符頭，故只能用冬至下局，要到己酉日才能用冬至上局。這是「接氣」的例子。

以下再舉具體例證，以進一步說明超神接氣及置閏之例。

第一個例子是南宋淳祐六年丙午（1246）四月十三日壬申立夏，而本月初五是甲子（上元符頭）。這是符頭先到，節氣後到，即謂之「超神」的情況。立夏節氣之前九日即啟用立夏節令，即從初五日起超用立夏上局，自初十日己巳超用立夏中局，自十五日甲戌日起立夏下局。將此敘述，具體排出如下：

表3-1　南宋淳祐六年(1246)立夏節時符頭節氣表(超神之例)

甲子（四月初五）符頭　乙丑（初六）　丙寅（初七）　丁卯（初八）　戊辰（初九）　立夏上元局

己巳（四月初十）　庚午（十一）　辛未（十二）　壬申（十三立夏節）　癸酉（十四）　立夏中元局

甲戌（四月十五）　乙亥（十六）　丙子（十七）　丁丑（十八）戊寅（十九）　立夏下元局

第二個例子是淳祐七年丁未（1247）二月二十三日（丁未）交清明節，然而二十五日方是己酉（上元符頭），才可用清明上局奇。此乃先交節而後得奇，是謂「接氣」。直至

二十四日戊申（即己酉前一日）仍用春分下局，故雖氣已交本節，而奇星尚用前一節氣。據此仍排一表如下：

表3-2　南宋淳祐七年清明節時符頭節氣表（接氣之例）

甲午（二月初十）　乙未（十一）　丙申（十二）　丁酉（十三）戊戌（十四）　春分上元局

己亥（二月十五）　庚子（十六）　辛丑（十七）　壬寅（十八）癸卯（十九）　春分中元局

甲辰（二月二十）　乙巳（二十一）　丙午（二十二）　丁未（二十三清明）　戊申（二十四）春分下元局

己酉（二月二十五）　庚戌（二十六）　辛亥（二十七）　壬子（二十八）　癸丑（二十九）清明上元局

上例接下去，至該年（淳祐七年）六月二十八日己酉交立秋節。正值節氣與日辰同到，即從己酉日立秋節起立秋上元局。這就稱做「正授」，前已說及，正授是正常的理想的情況。

再舉第三個例子說明置閏之實際。例如丙戌年五月初一日己卯（上元符頭），至初九日丁亥巳刻交芒種節，已過九日。一般超神九日，遇芒種或大雪節即當置閏。即用己卯日作芒種上局，初六日甲申作芒種中局，十一日己丑作芒種下局。超局畢於此。再重用一局作為置閏，遁甲式稱「三奇閏局」。以十六日甲午作芒種閏上局，二十四日交夏至中。借夏至七日，其五月小盡，至六月初二己酉，方作夏至上局。初七日甲寅作夏至中局，十二日己未作夏至下局。將此具體排表如下：

表 3-3　遁甲式置閏之例

己卯（五月初一）　庚辰（初二）　辛巳（初三）　壬午（初四）
癸未（初五）　芒種上局

甲申（五月初六）　乙酉（初七）　丙戌（初八）　丁亥（初九
芒種）　戊子（初十）　芒種中局

己丑（五月十一）　庚寅（十二）　辛卯（十三）　壬辰（十四）
癸巳（十五）　芒種下局

甲午（五月十六）　乙未（十七）　丙申（十八）　丁酉（十九）
戊戌（二十）　芒種閏局上

己亥（五月二十一）　庚子（二十二）　辛丑（二十三）　壬寅
（二十四夏至）　癸卯（二十五）　芒種閏局中

甲辰（五月二十六）　乙巳（二十七）　丙午（二十八）　丁未
（二十九）　戊申（六月初一）芒種閏局下

己酉（六月初二）　庚戌（初三）　辛亥（初四）　壬子（初五）
癸丑（初六）　夏至上元局

甲寅（六月初七）　乙卯（初八）　丙辰（初九）　丁巳（初十）
戊午（十一）　夏至中元局

己未（六月十二）　庚申（十三）　辛酉（十四）　壬戌（十五）
癸亥（十六）　夏至下元局

甲子（六月十七）　乙丑（十八）　丙寅（十九）　丁卯（二十）
戊辰（二十一）　小暑上元局

以上三例說明了遁甲式八卦曆的主要特徵。即是始終以
八卦六甲曆日為主，卻又以二十四節氣為基礎的曆日系統。
在八卦六甲曆中，是以六甲旬頭在八卦九宮中的位置作為紀

日的定標點。其運行方式是與《五運六氣曆》中的太一日遊運行方式相同。

又從以上敘述中可以看出，遁甲式八卦曆不違犯八卦六甲曆的這種特點。但是也有新的變化，即又加進了上元符頭：甲子、己卯、甲午、己酉。這是為了將六甲系統與二十四節氣作出比對而建立的概念。由此組成了某些規則；即甲己干加子午卯酉為上元符頭，甲己干加寅申巳亥為中元符頭，而甲己干加辰戌丑未為下元符頭。

但要進一步說明的是，遁甲式八卦曆還堅持了太一循天周旋的運行方式，即前述《靈樞·九宮八風》所描述的太一八方八節的運行方式。

遁甲式循天運行的方式與《九宮八風》所說的太一循天運行的方式基本相同，但也有兩點明顯的不同。第一個不同是《九宮八風》只是循天左行，但遁甲式分陰陽二遁。從冬至到夏至為陽遁，從夏至到冬至為陰遁。第二個不同是《九宮八風》太一循八宮八節運行，每宮停留46日或45日。但是遁甲式八卦曆將八宮中的八節改為二十四節氣。除這兩點外，其它就本質上一致了。但是，這兩點不同決定了遁甲式八卦曆的「日遊」較之《九宮八風》複雜得多。

遁甲式也是從冬至從坎一宮開始。坎一宮除冬至中（氣）外，還有小寒節（氣）和大寒中（氣），大概也是46日。然後就循天移至艮八宮，這是立春當令之宮，但在遁甲式這一宮包括立春節、雨水中、驚蟄節三個節氣。接著是居於震三宮的春分當令，這一宮除春分中氣外，還有清明節、穀雨中。順天旋轉移至巽四宮，巽四宮是立夏當令，包

括立夏節、小滿中和芒種節。順天周旋接著就輪到離九宮，「陽起於子，陰起於午」，故由離宮起開始陰遁。離宮是夏至當令，包括夏至中、小暑節和大暑中。然後運轉到坤二宮，坤二宮是立秋節當令，除包括立秋節外，還包括處暑中和白露節。再往前即運行到兌七宮，秋分當令，包括秋分中、寒露節和霜降中。由此再運行一宮即到乾六宮為立冬節當令，包括立冬節、小雪中、大雪節。然後又運行到坎一宮冬至。至此循天周旋一周。

《九宮八風》是太一日遊葉蟄宮（即坎一宮）始，每日遊一宮，歷經九宮五遍。太一從葉蟄宮轉入天留宮（艮八宮），如此等等。如今冬至作為一個節氣在坎一宮，冬至大率為15日，如按太一「日遊」，則只能遊九宮一遍多，接著小寒節等也是如此，這樣三個節氣「日遊」就與《九宮八風》沒有什麼差別。

遁甲式將一節氣15日劃分為上中下三元。每元五日，每日十二時，五日共六十時，三元就有一百八十時。於是由時辰來遊九宮，將日遊變成「時遊」。

再說冬至中的三元，每元六十時遍歷九宮，第一時在坎一宮（陽遁由此出發），第二時就到坤二宮。仿前述之八卦六甲曆法，至第十時又回坎一宮，十一時到坤二宮，十二時就在震三宮，如此再排下去直到六十時到達乾六宮。這就是冬至上元五日的「時遊」。接著中元五日的「時遊」，卻不再是從坎一宮開始，而是接著上元從兌七宮開始，即第一時在兌七宮，第二時在艮八宮等等，如此再歷六十時到震三宮止。接著下元五日開始「時遊」，這次接著中元從巽四宮開

始下元局第一時，第二時就在中五宮，如此歷六十時到離九宮止。冬至上中下三元180時全部歷經九宮一周。

冬至後是小寒節，小寒也在坎一宮。小寒節也是上中下三元，也是每元五日六十時，合共180時遊九宮。若據小寒節在坎一宮，也從第一宮開始其上元第一時，那就與冬至氣的180時完全一樣了。

為了作出區別，主要還是為了表示循天環行之序，其第一時從坤二宮開始，記住這時是陽遁左旋，於是第二時就在三宮震，第三時在四宮巽，如此「時遊」下去，其上元六十時到兌宮七止。

以後接著是中元六十時，中元第一時在艮八宮，第二時在離九宮等，如此排下去第六十時當在第四宮。緊接著下元第一時排在中五宮，依次排到第六十時當在第一宮止。小寒節的180時遊歷九宮完畢。

坎一宮中還有大寒中氣，大寒中的上中下三元180時遍歷九宮方式自是完全一樣，只是其起始宮還得在數序上順轉一位。即從三宮開始其行程。即是上元第一時起三宮，這時是陽遁，故而第二時在巽四宮等等。如此上元至艮八宮止。中元起九宮，下元起六宮。下元第60時至坤二宮止。

在討論冬至當令的三個節氣在八卦九宮的情況之後，還要進一步討論其它七個節令二十一個節氣上中下元的情況。但先要說明前面討論中的一個不妥之處，就是用第一時、第二時等來描述各元60時的排列情況。所以說不妥，是因為古代計時實際都是用干支紀時。

例如，冬至上元第一時當然是子時，因為計時是從夜半

開始。第二時是丑時等等。遁甲式規定用甲己符頭，因而其第一時必是甲子，第二時就是乙丑等等。這樣一來，就回到了前面說過的八卦六甲曆。所以說遁甲式曆是遁甲式八卦曆，就是它在八卦六甲曆的基礎上建構的。

四時八節日辰等在遁甲式曆中，就類同於《九宮八風》中的太一了。當八節順天轉到立春節令，就相當於太一轉到艮八宮。這時還在陽遁階段，所以還是順行（按數序升進）。艮宮第一個節氣是立春，立春上元是從艮八宮起步。即甲子在八宮，乙丑在九宮，到第六十時癸亥時在四宮巽。中元甲子起中五宮，下元甲子起二宮。立春節的下一個節氣是雨水。雨水氣也在八宮，這種情況前面已碰見過，其上元甲子自不能再起八宮，按順天運行的原則，八之後為九，故雨水上元甲子起九宮。

注意：這時仍然是陽遁。於是雨水氣中元甲子起乾六宮，下元甲子起三宮。

接著是驚蟄節，依例又循序順行一宮，九順數的下一位為一，所以驚蟄上元起一宮，驚蟄中元起七宮，驚蟄下元起四宮。驚蟄節180時之最後一時癸亥，止於離九宮。

循天周旋，艮宮以後就是震三宮，震三宮是春分當令，有春分、清明、穀雨三個節氣。春分上元甲子起三宮，中元甲子起九宮，下元甲子起六宮。清明節仍按陽遁順行的原則，由三進至四，其上元甲子起四宮，中元甲子起一宮，下元甲子起七宮。

清明後是穀雨，由四進至五，故穀雨氣上元甲子起中五宮，中元甲子起二宮，下元甲子起八宮。這樣震三宮三個節

氣運行完畢。

以下是巽四宮，為立夏當令，有立夏、小滿、芒種三個節氣。立夏節上元甲子起四宮，中元甲子起一宮，下元甲子起七宮。巽四宮第二個節氣小滿，上元甲子起中五宮，中元甲子起坤二宮，下元甲子起八宮，以下是芒種節，順行由五至六，故芒種上元甲子起六宮，中元甲子起三宮，下元甲子即起九宮。

從坎一宮冬至起循天周旋至巽四宮芒種節之終，都是屬於陽遁狀態。但循天運轉至離九宮夏至當令，即進入陰遁狀態。這是一個重要的轉折，因為此後數序就轉為逆數，即數序由大往小數。故當進入離宮，有夏至、小暑、大暑三個節氣。

夏至中氣上元甲子起九宮，因逆行，故第二時乙丑在艮八宮，丙寅到兌七宮，其第11時甲戌到艮八宮，第21時甲申到在兌七宮等，第51時甲寅在巽四宮。因而夏至中元甲子起震三宮，下元甲子起乾六宮。

夏至後的節氣是小暑，由於是陰遁，故為逆數，由九降而至八，因而小暑上元甲子起八宮，中元甲子起二宮，下元甲子起五宮。

緊接著大暑氣。上元甲子起七宮，中元甲子起一宮，下元甲子起四宮。然後仍是循天而轉，到於坤二宮。坤二宮立秋當令，有立秋、處暑、白露三個節氣。

立秋以坤宮之數立，即立秋節上元甲子起坤二宮，中元甲子起中五宮，下元甲子起艮八宮。立秋後為處暑，處暑上元甲子起一宮，中元甲子起四宮，下元甲子起七宮。處暑後

白露，一退為九。白露上元甲子起九宮，中元甲子起三宮，下元甲子起六宮。由坤宮至兌宮，兌宮秋分當令，包括秋分、寒露、霜降三個節氣。兌宮七，故秋分上元甲子起七宮，中元甲子起一宮，下元甲子起四宮。兌宮第二個節氣寒露，逆數七退一為六，故寒露上元甲子起六宮，中元甲子起九宮，下元甲子起三宮。

寒露後為霜降中。寒露六數，逆退五，故霜降上元甲子起中五宮，中元甲子起八宮，下元甲子起二宮。最後循天而行至乾六宮，乾宮立冬當令，有立冬、小雪、大雪三個節氣。立冬上元甲子起乾六宮，中元甲子起九宮，下元甲子起三宮。小雪中上元甲子起五宮，中元甲子起八宮，下元甲子起二宮。大雪節上元甲子起四宮，中元甲子起七宮，下元甲子起一宮。

以上可列一表備查。《遁甲演義》稱這個表為八門九星逐時移宮表。有些遁甲式書又稱為八門遁甲三元定局，列表見表3-4。

由於考察了時辰的八卦六甲曆，就不僅僅考慮到節氣的交節日期，還要計及交節時刻，因而需要透過一個例子看看遁甲式曆的具體運用。

表 3-4　八門九星逐時移宮表

陽	遁	局		陰	遁	局
坎一	上	中	下	離九	上	中	下
冬至	一	七	四	夏至	九	三	六
小寒	二	八	五	小暑	八	二	五
大寒	三	九	六	大暑	七	一	四
艮八				坤二			
立春	八	五	二	立秋	二	五	八
雨水	九	六	三	處暑	一	四	七
驚蟄	一	七	四	白露	九	三	六
震三				兌七			
春分	三	九	六	秋分	七	一	四
清明	四	一	七	寒露	六	九	三
穀雨	五	二	八	霜降	五	八	二
巽四				乾六			
立夏	四	一	七	立冬	六	九	三
小滿	五	二	八	小雪	五	八	二
芒種	六	三	九	大雪	四	七	一

　　第四個例子是明萬曆二十四年丙申（1596）正月九日丑時立春。初九丙子日戊子時（立春交節之丑時前一時辰）還是先年大寒下局。自丑時起即轉為立春下局。計初九丙子日丑時至亥時共 11 時，初十丁丑日 12 時，十一戊寅日 12時，共 35 時為立春下元局之殘局，此際為陽遁，立春下元甲子起坤二宮。由於丙子、丁丑、戊寅三日屬甲戌符頭，甲

加辰戌丑未為下元局符頭。所以，為立春下元局殘局。

接著十二日己卯日上元符頭到位，故從己卯日甲子時起，歷經庚辰、辛巳、壬午至十六日癸未日亥時止，共計五日六十時為立春上元局。亦為陽遁，於八宮艮上起甲子。正月十七日甲申日換局。從甲申日至二十一日戊子日癸亥時止，一共五日六十時為立春中元局。

陽遁，中五宮起甲子。二十二日己丑日甲子時至二十四日辛卯日時止計28時為立春下元局之補局，即補前面初九日丙子丑時起至十一日戊寅日亥時止的35個時辰的立春下元殘局。正月二十四日辛卯日辰時交雨水節，即自此時起，至二十六日癸巳日亥時止共計32時，為雨水下局殘局。陽遁，震三宮起甲子。因為這三日辛卯、壬辰、癸巳是在己丑符頭下，而甲己干加辰戌丑未為下元局。至二十七日甲午日才是上元符頭到位，自這日甲子時起至二月初一戊戌日亥時，共五日六十時為雨水上元局。陽遁，離九宮起甲子。二月二日己亥日子時起至初八癸卯日亥時，亦五日六十時為雨水中元局。陽遁，乾六宮起甲子。注意己亥日為甲己干加寅申巳亥，為中元。

接著初七甲辰日12時，初八乙巳日12時，到初九丙午日巳時止共30時，為雨水下元補局，補足前正月二十四辛卯日交雨水時的下局殘局，那時只32個時辰，現在再補30個時辰，初九丙午日午時交驚蟄節。因而自此午時起至戊申日亥時止共計30時，當為驚蟄下局殘局（丙午、丁未、戊申屬甲辰符頭，甲己加辰戌丑未為下元局）。陽遁，巽四宮起甲子。二月十二己酉日為上元符頭到位，從己酉子時到癸

丑日亥時（二月十二到二月十六）共五日六十時做驚蟄上局。陽遁，坎一宮起甲子。

　　接著二月十七甲寅日子時起至二十一日戊午日亥時止，亦五日六十時為驚蟄中元局。陽遁，兌七宮起甲子。此後二月二十二己未日，二十八庚申日共二日24時，再加二十四辛酉日申時止之九時，合共33時為驚蟄下局之補局。補足初九丙午日午時起驚蟄下局殘局，共計63時。

　　剛交節時之下元局為殘局，下一節氣交節前的不完整的下元局為補局。各日之「氣餘」留在芒種（或大雪）節氣再置閏。

第四章
易學與曆法㈡

上一章敘述的八卦曆系統主要是陽曆系統，而沒有述及我國古代曆法系統中的另一方面，即其陰曆系統的方面。因為我國古代曆法的基礎系統是陰陽合曆。即以回歸年和朔望月為主組成的陰陽合曆系統。對於這種陰陽曆，《易學》的影響亦是很關重要的，因為這種影響涉及更為廣泛也更為深刻的方面。

戰國時代及其以前是古六曆。古六曆在前兩章裡已經約略提及。自秦始皇統一中國後就實施了秦曆。秦始皇採納戰國時齊人鄒衍的五德終始之說，認為少昊氏以金德王，顓頊氏以水德王，帝嚳以木德王，堯以水德王，舜以土德王等等。迄至周朝為火德王，水能勝火，代替周的必是水德。秦始皇自以為獲水德之瑞，所以採用顓頊曆（亦為古六曆之一）。按《史記・秦始皇本紀》稱：「始皇推終始五德之傳，以為周得火德，秦代周，德從所不勝，方今水德之始。改年始，朝賀皆自十月朔，衣服旄旌節旗皆上黑，數以六為紀……」。前已說過，古六曆中顓頊曆和夏曆採用夏時，即採用朔旦立春為曆元。秦朝因得水德採用顓頊曆，又因得水德將年始改在十月朔，這就有了不相融洽的麻煩。

但秦朝雖規定十月為每年的第一個月，但名稱仍是十月，不稱正月。其第四個月（即夏時的正月）稱端月，其不

肯稱正月的原因是避秦始皇的名諱。其一年的最後一個月叫做九月，如逢閏年就加一個後九月。所以從秦始皇二十六年（前221）到漢武帝元封七年（前104）五月，共117年，實質上都是用的夏時。

《秦始皇本紀》從始皇二十六年（前221）起，《二世本紀》、漢高祖、呂太後、文帝、景帝各本紀中，史事發生年月完全以十月為始，按冬、春、夏、秋的順序排列。

漢高祖劉邦建立漢朝以後，開始仍襲用秦曆，以後逐漸議論改曆。本章就從漢武帝改曆說起。

一、太初改曆

漢初，以北平侯張蒼言，採用顓頊曆，與古六曆之其他曆進行比較，疏闊中最為微近。對於顓頊曆，我們已經說過是古六曆之一，以正月朔旦立春為曆元。古六曆皆為四分曆，所以顓頊曆的一回歸年長度為 $365\frac{1}{4}$ 日稱為歲實。這是四分曆的第一個基本要點。

據《後漢書・律曆志》說：「故黃帝造曆，元年辛卯。而顓頊用乙卯，虞用戊午，夏用丙寅，殷用甲寅，周用丁巳，魯用庚子。漢興承秦，初用乙卯，至武帝元封不與天合，乃會術士作太初曆，元以丁丑」。這就是說漢初用顓頊曆，至武帝元封七年（前104）改為太初曆。關於這裡的「元」，《後漢書・律曆志》又引劉洪說：

　　夫甲寅元天正正月甲子朔旦冬至，七曜之起，始於牛初。乙卯之元，人正己巳朔旦立春，三光聚天廟五

度。課兩元端，閏餘差百五十二分之三，朔三百四，中
節之餘二十九。

這是說，殷曆用甲寅年十一月甲子日平朔冬至為曆元。顓頊
曆用 61 年後的乙卯歲正月己巳日平朔立春為曆元。這裡說
的平朔是指古代曆法用朔望月的平均日數，推算每月的朔
日，這樣推算所得的朔，叫做平朔。從殷曆曆元起，推算
61 年後的正月朔立春，平朔時刻在顓頊曆曆元後 $\frac{304}{940}$ 日，立
春時刻在顓頊曆曆元後 $\frac{29}{32}$ 日。

另外，殷曆冬至在牽牛初度（即牛宿，為摩羯座），顓
頊曆立春在營室（即室宿，《史記》稱為清廟，屬飛馬
座）。所謂冬至在牽牛，立春在營室，是指冬至或立春時，
太陽和月亮分別同在牛宿和室宿。

由上述可知，漢初實行的顓頊曆，其餘零部分 $\frac{1}{4}$ 日，表
明立春點每四年回歸一次（其餘古六曆，除夏曆外，則是冬
至點每四年回歸一次）。顓頊曆的陰曆部分，即其朔望月，
與古六曆其它曆法一樣，朔策（即朔望月長度）為 29 $\frac{499}{940}$
日。

這數據也是由實際觀測求得。按《後漢書‧律曆志》
說：「察日月俱發度端，日行 19 周，月行 254 周，復會於
端，是則月行之終也。以日周除月周，得一歲周天之數。以
日一周減之，餘 12 $\frac{7}{19}$。則月行過周及日行之數也，為一歲
之月。」即是說觀測太陽和月亮開始同在一星宿（即在該星
宿合朔），比如說在營室五度。後來各自運行，太陽在天上
運行了 19 周，而月亮卻運行了 254 周，這之後太陽月亮又
合朔於起始星宿，例如又回到營室五度，稱為月行之終。以

日周 19 除月周 254，得 $13\frac{7}{19}$，得到月亮運行了 $13\frac{7}{19}$ 個恆星周（月）相當於一年。

月亮繞地公轉一周，即一個恆星月，是說地面觀測者觀測月亮及其背景星宿，當月亮繞地球由西向東（反時針方向）運行一周，又回到其背景星座，所需時間即為一恆星月，為 27.32 日。

但由於古四分曆用朔望月，朔望月是以月亮的相位為準，即從朔到朔，或從望到望為一月。朔望月與恆星月本質的差別在於恆星月不考慮地球自身的運動，朔望月卻要將地球繞日公轉同時考慮進去，因為觀測者是居於地球表面上。在月亮繞地球公轉的同時，地球帶著月亮繞日公轉，按照中國古代周天為 $365\frac{1}{4}$ 度，即每日地球公轉約一度。

注意地球公轉的方向與月亮繞地運行方向一致，也是由西向東。因此，當月亮繞地運行一周，又回到背景星座時，但當時的月相與起始點的月相卻不同。

如果合朔時觀測到月亮的背景星，比如說營室五度，但再一次觀測到月亮背景星營室五度，卻並不合朔，要等到合朔還需再等兩天多，當然第二次合朔時與第一次合朔時月亮的背景星有了變化。

如果考慮兩次合朔時觀測到月亮的背景星為同一星，那麼，就是前引《後漢書‧律曆志》所說的話了。由日周（19）除月周（254）得 $13\frac{7}{19}$ 可知月亮在天每日行 $13\frac{7}{19}$ 度，太陽在天每日行一度。兩者之間相差 $12\frac{7}{19}$ 度（即 $13\frac{7}{19} - 1 = 12\frac{7}{19}$）。這就是月亮每日相對太陽運行的度數。這也就是一年的朔望月數。所以一個朔望月的日數就是 $365\frac{1}{4}$ ÷

（$13\frac{7}{19}-1$）$= 29\frac{499}{940}$ 日，亦即 29.530851 日。一個朔望月的日數在實際排列上不能取小數，所以曆表上一個月要嘛是 30 天（大月），要嘛是 29 天（小月）。一年也不可能安排 $12\frac{7}{19}$ 個月，只能是 12 個月或 13 個月。一般一年 12 個月，大小月各六，則只能安排 354 日，比一年日數差了 11 日餘。於是在過二、三年的時間後就得加置閏月。累積起來就是 19 年加七個閏月。即在 19 年內共有 235 個朔望月（19×12＋7＝235）。19 年共有日數為：

365.25×19＝6939.75 日

而 235 個朔望月共有日數：

$29\frac{499}{940}$×235＝235×29.530851＝6939.75 日

所以經歷 19 個回歸年或者歷經 235 個朔望月，交朔時刻又回歸到原來起始時刻。這 19 年在古六曆中稱為一章。這是古代四分曆的另一個基本要點。

但要注意，歷經一章，交朔時刻回歸，但卻不是原來的立春點，即日月交朔不是在營室五度。如果要求既合朔，又是立春點在同一天，那就要經過 76 年。76 是 19 的四倍，又是四的 19 倍。所以古六曆稱 76 年為一部，這是另一個古四分曆法的基本要點。

古六曆是採用干支紀日法，即用 60 個干支對紀日。如果最開始那一天是己巳日（前引《後漢書・律曆志》），引劉洪說顓頊曆用乙卯元，「乙卯之元人正己巳朔旦立春，三光聚天廟五度。」這一天夜半合朔又立春，那麼過 76 年，在同一天又是夜半合朔立春，但卻不是己巳日。因為 76 年的總日數是 27759 日，這個數目不能與一干支周數 60 日共

約。

　　要求得此二數能共約就得經歷 555180 日。因此，當最初一個部首之日的干支為己巳日時，經歷一部（76 年）後即為戊申日，戊申為第二個部首之日的干支。第三個部首日的干支為丁亥等等。戊申為己巳日往後順干支對數的第 39個干支對，再從戊申往後數第 39 個干支對是丁亥等等。所以各部首日干支對很容易推算出來。要求得又一個己巳日夜半立春朔旦，要歷經 555180 日，這是 20 部的日數，或是1520 年的日數。這 1520 年在古四分曆法中稱為一紀。

　　經歷一紀可以求得夜半朔旦立春之日同名，但卻不能求得年干支同名，顓頊曆用己卯元，但歷經 1520 年後，不能回到己卯年，只能到己亥年。要再返回己卯年就得經歷三紀，即 4560 年，這謂之一元。

　　這個曆法沿用到漢武帝時代，已歷一百餘年。這個曆元在當時已然不符合天象，正如司馬遷等所說：「朔晦月見，弦望滿虧」。即是朔晦之日，太陽本與月亮同度，由於二者在方位上十分靠近，月亮掩沒在強烈的太陽光輝之中，根本無法見到月亮，但曆本上載明的晦日和朔日卻能見到月亮，這顯然是曆出了問題。

　　同樣在上弦時卻見到月與太陽隔地相望，而到滿月的時候，月面卻有虧缺。這自然也是曆法出了問題。因而提出「曆紀壞廢，宜改正朔」。

　　為求得曆符天象，必須重新確定一個準確的曆元。為了適應漢帝國的日益強盛，適應人們對傳統的春夏秋冬時序的習慣，對於秦曆據五德終始的神秘法則規定的十月為歲首，

從而按冬夏春秋的季節安排的帶政治性的曆序早就感到不順和諸多不便，漢武帝下定決心改曆。

適逢漢武帝元封七年（前104）十一月初一日恰恰是甲子日，又恰恰交冬至節氣。這是一個實際的天象，又與曆的安排符合，於是漢武帝下詔改曆。改稱元封七年為太初元年，並規定以十二月底為太初元年年終。以後每年都從孟春正月開始，到季冬十二月年終。

元封七年十一月甲子日朔旦冬至，是一個正確的推步起點，使得天象與曆法不符的情況得到大大改善。所以，當時的關鍵是要有一個恰當的推步曆法的方法。

二、三統曆術

對於太初曆的推步方法，當時獻計修訂曆法的共有十餘家，後來決定採用鄧平提出的「八十一分律曆」。因此，太初改曆就曆法本身來說，主要就是推步起點和這個八十一分律曆。對於這兩項改曆內容都是有爭議的。

對於以元封七年（前104）十一月甲子朔旦冬至為推步起點的這個內容，在昭帝元鳳三年（前78），當時的太史令張壽王就上書反對施行太初曆，不承認這個推步的起點，主張採用殷曆。於是昭帝命令主曆使者鮮於妄人、大司農中丞麻光等20餘人「雜候日月晦朔弦望，八節二十四氣，均較諸曆用狀。」經過五年多的測候和比較，張壽王等所持殷曆課校疏遠，而太初曆課校得第一。

大概這一爭論延續很長時間，但最後太初曆得以進一步

肯定。這一爭論的結果得出一個重要的結論，即「曆本之驗在於天」。即透過實際觀測進行對曆的校驗。這是一個科學性的結論。

對於鄧平提出的「八十一分律曆」，其最初倡議太初改曆的司馬遷，就只承認元封七年十一月甲子朔旦冬至是一個合適的推步起點，但他保留了古代四分曆的推步方法。他撰寫的《史記・曆書》隻字未提鄧平的八十一分律曆，只以他根據古六曆的四分曆法進行推步的《曆術甲子篇》附上。他根據太初曆的推步起點，根據四分法推算了 76 年（一部）的曆譜。鄧平「八十一分律曆」並未保留下來，但後來劉歆撰寫《三統曆譜》卻是沿襲太初曆鄧平術加以修改而得，班固謂其「推法密要」，載於《漢書・律曆志》中。

太初改曆是當時將元封年號改元為太初而行用此曆之意，但此曆之推步為鄧平之八十一律曆法，劉歆以為是以「三統」為法進行改曆，故名之《三統曆》。太初、三統兩者名異而實同。《三統曆譜》雖非鄧平「八十一分律曆」之原著，但大致保留了太初曆的原貌。而其著作本身，實是古代流傳下來的一部相對完整的天文曆法著作。

由於太初改曆時是從顓頊曆改變而來，因此，在根本上仍是在古四分曆法的原則範圍內。它的最重要的改變，是首先議定一日分為八十一分，從而一個朔望月的長度，即朔策由 $29\frac{499}{940}$ 改為 $29\frac{43}{81}$ 日，其所以首先作此議是根據「以律起曆」的原則。《漢書・律曆志》記錄了這個設想：「律容一龠，積八十一寸，則一日之分也，與長相終。律長九寸，百七十一分而終復。三復而得甲子。夫律陰陽九六，爻象所從

出也。故黃鍾紀元氣之謂律。律，法也，莫不取法焉。」據此可知日法之取八十一是根據於黃鍾之律。

據《淮南子・天文訓》說：「黃鍾之律，九寸而宮音調，因而九之，九九八十一，故黃鍾之數立焉。」這裡說：「九寸而宮音調，」即吹奏九寸長的管子得到黃鍾宮音調。《律曆志》也說：「五聲之本，生於黃鍾之律。九寸為宮，或損或益，以定商、角、徵、羽。九六相生，陰陽之應也。」即黃鍾律為五聲之本，而黃鍾律是以九寸長的管子吹出宮音，然後或損或益管長以定其它諸聲。其說黃鍾律管的容積為一龠，依律曆志對龠之說：「龠者黃鍾之實也」，即謂吹奏出黃鍾宮音的律管，其容量正是一龠。

龠是古代容量的基本單位。據《漢書・律曆志》說十二律管之周經是有規定的，孟康注說：「律孔經三分，參天之數也；圍九分，終天之數也。」即黃鍾律管長九寸而圍九分，因而說：「九九八十一寸」。可以在這樣的管中放下1200粒黑黍籽。兩龠為一合，十合為一升。

鄧平的「八十一分律曆」雖取朔策為 $29\frac{43}{81}$，將原顓頊曆的朔策作了改變，但仍然採用原四分曆的閏周，即 19 年七閏的章法。所以《律曆志》要說：「律長九寸，百七十一分而終復。三復而得甲子。」這因為一個朔望月為 $29\frac{43}{81}$，與原朔策微有差異。

另外，一年仍為 $12\frac{7}{19} = \frac{43}{81}$ 個朔望月，因而一回歸年的長度會微有改變。此時一回歸年當為：$\frac{235}{19} \times \frac{2392}{81}$ $= \frac{562120}{1539} = 365\frac{385}{1539}$ 日。此較顓頊曆 365 日要稍大一些。八十一分律曆歲實稍微加大之後，似乎當時並沒有覺得有什

麼不妥。因朔策略增稍大後，似更加符合天象，而數據卻大大簡化，變得明白易算。而「以律起曆」似乎更加觸及天地法則的本質。歲實雖稍大，但因數量太小而不會在近期有什麼影響。可是這樣一個微小的變化卻把古四分曆法的秩序破壞了。八十一分律曆歲實加大之後，就不能仍是冬至點每四年回復原位，而是要經過 81 與 19 的最小公倍數，即 1539 年或 562120 日後，才會回復到原位。

例如，元封七年十一月甲子日夜半朔旦冬至，依四分曆推步，隔四年之後又當是夜半交冬至。但依三統法推步，則要在 1539 年之後才夜半交冬至。雖然三統法仍認為 19 年七閏的章法合理，但也只有等到 235 × 81 ＝ 19053 個朔望月，才能達到同一天夜半冬至朔旦。

所以，在四分曆經歷 76 年一蔀達到的夜半朔旦冬至，在 81 分律曆則需要 1539 年。但它和一蔀之數一樣，歷經 1539 年後之夜半朔旦冬至的那一天，還是沒有回到原先的甲子日，亦即 1539 年的數亦不能與 60 共約。如果要求回復到甲子日夜半朔旦冬至，就要歷經 4617 年或 1686360 日。這稱為一元，一元由三個 1539 年組成，故 1539 年稱為一統，故一元有三統。此三統曆名稱之所由來。

曆元的起點是甲子日，歷經一統八十一章，1539 年、562120 日後，朔旦冬至不交在甲子日夜半，而是交於甲辰日夜半。因為一統日數以 60 除之得餘數 40，由干支表得甲辰日（562120〈mod60〉r ＝ 40）。這甲辰日就是第二統的起點。由此再歷經 1539 年，八十一章得甲申日夜半朔旦冬至，是為第三統的起點。再歷經一統復得甲子夜半朔旦冬

至。所以三復而得甲子已是 4617 年，一元已過。171 是九章之數（9×19 = 171），九倍之得 1539，即一統之數。一統之三倍為一元，一統之三分之一為 513，而 513 又是 171 的三倍。所以說：「律長九寸，百七一分而終復，三復而得甲子」。以後還會看到 513 這個數。

三統曆的重點在於揭示律與曆的內在聯繫。《易·繫辭》說：「《易》之為書也不可遠，為道也屢遷，變動不居，周流六虛。」《漢書·律曆志》在律與曆的關係上特別注意引用這裡的「周流六虛」。因為推步曆法要進行數算，而《律曆志》認為數：「其數以《易》大衍之數五十，其用四十九，成陽六爻，得周流六虛之象也。夫推曆生律製器，規圓矩方，權重衡平，準繩嘉量，探賾索隱，鉤深致遠，莫不用焉。」對於律，《律曆志》說：「律有十二，陽六為律，陰六為呂。」又說：「天地之氣合以生風，天地之風氣正，十二律定。」又說：「宮以九唱六，變動不居，周流六虛。」《律曆志》對《繫辭》所說的天地之數還說：「天之中數五，地之中數六，而二者為合。六為虛，五為聲、周流於六虛。虛者，爻律。夫陰陽，登降運行，列為十二，而律呂和矣。」律曆的相互關係看來受著某種更為深刻的關於天地宇宙法則的支配。《律曆志》所認為的六虛包括爻律，關乎陰陽之登降和運行。爻是指《易》卦的六爻，律就是陽六律和陰六呂組成的十二律。

《律曆志》特別提出天地之氣合而生風，來表明人類所存在的自然環境與律呂的關係。若天地之風氣正常，即是符合理想狀況的情況，就會相當準確地對應於十二律。就是說

正常狀況的風氣，當會在陽六律和陰六呂的六虛之中，做某種有秩序的周流。由合天地之氣而形成的風，亦與天上日月的運行有關。

首先天上日月的運行也是周流六虛，《周易集解》引虞翻說：「六虛，六位也，日月周流，終則復始，故周流六虛。」即謂太陽和月亮周行在天地間上下四方的六合之中。當日月居於某個星宿，例如說在牽牛初度，這時的風就可能周流在黃鍾律；而當日月會於營室五度，可能這時的風正周流在太簇律。前面第二章中曾對《繫辭》：「陰陽之義配日月」做過說明，即日月的運行正典型地表現了《易》的一陰一陽之謂道。《律曆志》正是受《易傳》這一思想的深刻影響，認為日月的運行和聲律有著深刻的、內在的、本質上的聯繫或一致。即認為律在本質上反映了曆，曆也在本質上反映了律。前引《集解》虞翻關於周流六虛之說還有：「謂甲子之旬，辰巳為虛，坎戊為月，離己為日。入在中宮，其處空虛，故稱六虛。五甲如次者也。」進一步將八卦與六甲曆聯繫起來。

前面已將八卦六甲曆做過詳細說明，這裡為了解釋虞翻的話，再做上一些補充，這裡說的是「甲子之旬，辰巳為虛」，因為甲子旬包括：

甲子　乙丑　丙寅　丁卯　戊辰　己巳　庚午　辛未　壬申　癸酉十日。

十天干與十二地支的配應，必然是十干先與前十個支相配，剩餘兩支則在本旬無干相配。甲子旬中十干只能與前面從子到酉的十個支配，而剩下戌亥兩支無配。這甲子旬中的

戌亥兩支稱為「孤」。而與稱為孤的兩支對立方位的辰巳兩支稱「虛」。與「虛」相配的干總是戊和己兩干。比如甲戌旬的十日是：

甲戌　乙亥　丙子　丁丑　戊寅　己卯　庚辰　辛巳　壬午　癸未

這一旬的地支是從戌開始，其最後兩支是申酉。故申酉為孤，因甲戌旬中已無干可配。從而推知甲戌之旬，寅卯虛。而與寅卯相配的干仍是戊和己。而八卦六甲曆是以戊配坎卦，己配離卦；戊為陽干配日，己為陰干配月。而戊己干在空間方位中配在中央（詳見本書第二章第二節的第三小節），天空之中央正是空虛之處，虞翻說：「其處空虛，故稱六虛。」

上面雖只說了甲子、甲戌兩旬，其餘四旬也可仿照上述以求出各旬之孤虛，此即所謂「六甲孤虛」。古人很認為這個孤虛法是反映了天地宇宙的大法則。甲乙丙丁等十干分陰分陽，各得五干。即甲丙戊庚壬為五陽干；乙丁己辛癸為五陰干。子丑寅卯等十二支亦各分陰陽：子寅辰午申戌為六陽支；丑卯巳未酉亥為六陰支。天干分為五組，地支分為六組，所以天數五，地數六，這兩者相合，即周流於六虛也含這層意思。所以《易傳·彖辭·乾卦》說：「大明終始，六位時成，時乘六龍以御天。」

《易傳·文言·乾卦》說：「乾元『用九』，乃見天則。」即說乾卦之六爻循位由下而上，不僅表示了爻位的變化，同時表示陽氣循時序上升，表示季節氣候的變化，表示風聲音律的變化，當然更反映了日月的往來。因而卦爻成了

律曆氣候物候乃至天象的總的表示。

《易》之卦爻模擬了天地宇宙的根本法則。所以《易辭傳》說：「乾坤成立，而易立乎其中矣。乾坤毀則無以見《易》，《易》不可見，則乾坤或幾乎息矣。」因此以律起曆，正是《易傳》思想影響的結果。

三、三統曆與易數

《漢書・律曆志》說：「至孝成時，劉向總六曆，列是非，作《五紀論》。向子歆究其微妙，作《三統曆》及《譜》，以說《春秋》，推法密要，故述焉」。可知《漢書・律曆志》的曆法部分，乃班固引劉歆之說。劉歆在其《三統曆及譜》中，試圖引《易》數來說明和解釋三統曆。他對於推步的起點沒有什麼不同意見，但對鄧平提出的「八十一分律曆」的推步法卻做了他的《易》數解釋。

他首先對鄧平「八十一分律曆」而定朔策作了《易數》的解釋。他說：

　　元始有象一也，春秋二也，三統三也，四時四也，合而為十，成五體。以五乘十，大衍之數也，而道據其一，其餘四十九所當用也，故著以為數。以象兩兩之，又以象三三之，又以象四四之，又歸奇象閏十九及所據一加之，因以再扐兩之，是為月法之實。

這一段話可以用一個簡單的算式表示。當先求出「大衍之數」和「道之用數」：

　　　1（元始有象）＋2（《春秋》）＋3（三統）＋4

（四時）＝10

10×5（五體）＝50（大衍之數）

50－1（道據其一）＝49（道之用數）

關於大衍之數，《易‧繫辭》說：「大衍之數五十，其用四十有九」，但對這個數成立的根據未加說明。西漢京房曾以10日，12辰，28舍（宿）應50。其一不用者，天之生氣，將欲以虛求實，故用49。《易緯‧乾鑿度》依京房說：「日十干者，五音也。辰十二者，六律也。星二十八者，七宿也（二十八宿星布四方，每方七宿）。凡五十所以大閡物。」

劉歆不取京房之說，他要將「三統」納入到這個大衍數中，因而作了全新的解說。劉歆的這個解釋，啟發了後來東漢時的馬融，所以馬融又提出一種大衍之數的推排法。他說；「易之太極為北辰也。生兩儀，兩儀生日月，日月生四時，四時生五行，五行生十二月，十二月生二十四氣。北辰居位不動，其餘四十九轉運而用也。」馬融將劉歆的「原始有象」改為「易之太極，」而《易》之太極就是北辰。北辰，《論語》說：「為政以德，譬如北辰，居其所而眾星共之。」所以，北辰當是指天球北極，或者是靠天北極很近的大星，即天北極的指示星。即馬融認為《易》之太極是天地宇宙的中心，這個中心就是眾星共之的北辰。

然而劉歆似乎沒有明顯地闡述關於北辰的含義。而且馬融將這個「《易》之太極」即北辰看做是居位而不用的那個「一」，而劉歆認為的這個置而不用的「一」並非「元始有象」的「一」，而是「道據其一」的「一」。不過無論怎麼

說，將「一」特別提出來並探討其所指卻是劉歆的主意。因為這樣一來，「三統」的這個「三」就可以納入組成大衍之數的系統中去，而大衍之數的根本性和重要性，《易‧繫辭》是十分強調的，說：「此所以成變化而行鬼神也。」而由此，其所撰《三統曆》就能以《易》的體系對曆法系統做出系統的理論說明。

再說他在得到「道之用數四十九」以後，如何進一步展開他用《易》對曆的描述。他連續以象兩兩之、三三之、四四之。這是以《繫辭》所說：「分而為二以象兩，卦一以象三，揲之以四以象四時」為依據。用算式表示就是：

$$49 \times 1 \times 2 \times 3 \times 4 = 1176$$

再據《繫辭》所說：「歸奇於扐以象閏」。由於閏周是觀測而得的數據，故要加上 19。還要再加上那個「一」，於是有：1176 ＋ 19 ＋ 1 ＝ 1196。最後還要根據「再扐而後掛」之說「再扐兩之，」算式是：

$$1196 \times 2 = 2393 \text{（月法之實）}$$

由此得出了三統曆最根本的數據，即得出朔策之實。因取每日八十一分，將八十一除月法之實得三統朔策：

$$\frac{2393}{81} = 29\frac{43}{81}$$

朔策雖稍嫌過大，但基本上仍與當時實測相符。

劉歆除了求出月法外，還進一步對 19 年閏周這個基本數據做了《易》學的解釋。由於《易‧繫辭》說：

天一、地二、天三、地四、天五、地六、天七、地八、天九、地十。天數五，地數五，五位相得而各有

合。天數二十有五，地數三十，凡天地之數五十有五，
所以成變化而行鬼神也。

據此劉歆推出：「並終數為十九，《易》窮則變，故為
閏法。」九為奇數之終，即為天數之最大者；十為偶數之
終，即為地數之最大者，故：

$$10＋9＝19（閏周之數）$$

窮即是終，閏日是日之窮餘，故取天地二終數來表示閏
周。

上引《繫辭》上的這段：「成變化而行鬼神」的話，劉
歆十分重視，他認為天上許多重要的天象規則似乎都隱藏在
這裡面。或許在歷史中探討交食周期就起始於劉歆的三統
曆。他就用這段話推出「朔望之會」和「會月」等重要天文
曆法概念。所謂「朔望之會」是以朔望月為時間單位的月食
周期。他說：「參天九，兩地十」是為「會數」。參天數二
十五，兩地數三十是為「朔望之會」。以「會數」乘之，則
周於朔旦冬至，是謂會月。九會而復元，黃鍾初九之數
也。」這段話其實只是下面三條算式：

$$3×9（天終數）＋2×10（地終數）＝47（會數）$$
$$3×25（參天數）＋2×30（兩地數）＝135（朔望$$
之會）
$$135（朔望之會）×47（會數）＝6345（會月）$$

這個「朔望之會」就是交食的周期，即135個朔望月為
一食周。「會月」是「會數」與「朔望之會」的乘積。但是
「會月」又是27章的月數，即 $27×235＝6345$ 個月。所以
6345是「章月」（235）和「朔望之會」（135）的最小公倍

數。6345 個月中，或說是在 27 章之中有 47 個「朔望之會」。一統有八十一章，就有三倍會數的朔望之會。而一會數的「朔望之會」是 513 年，就是前一節說到的「百七十一分而終復」的 171 的三倍。

一個「朔望之會」有 23 次交食（135 個朔望月過交點 23 次），那麼 513 年共有 1081 次交食（$47 \times 23 = 1081$）。交食起於冬至朔旦，則一會月之合又交食於冬至朔旦。故劉歆說「會月」周於朔旦冬至。一個「會月」的三倍，即 19035（即 6345×3）個月，正是三統曆中一統（1539 年）的月數，亦即八十一章的月數。而一「會月」的九倍 57105（6345×9）個月，稱為元月，即三統曆一元 4617 年的總月數。故劉歆說：「九會而復元，黃鍾初九之數也。」

對於一章月（即 19 年加七個閏月）235 這個數字，他認為也是可以由《易》數得出，他說：「以五位乘會數得章月」。此之所謂五，實際是以會數除一章月所得，但是它同時又可由 27 章之數除「朔望之會」135 而得。而 5 又在《易‧繫辭》中是天之中數，故劉歆視為有其深義。由 135 個月有 23 次交食推之，則一交為 $5\frac{20}{23}$ 個月，兩交合為一交食年，等於 $11\frac{20}{23}$ 個朔望月，即 346.66 日。這與近代實測之一交食年為 346.62 日，僅差 0.04 日。

劉歆依據著當時觀測的數據，他竭力用《易》數來表述這些觀測數據所以如此的理由，但卻沒有考察用《易》數作這種表述的根據，即沒有考察何以可以用《易》數作出這種表述。因而在建立《易》數和這些天文觀測的關係時，往往表現得像是猜測和湊合。

這在描述五大行星的運動時尤其如此。他根據《易·繫辭》所說的：「參伍以變，錯綜其數。通其變遂成天下之文，極其數遂定天下之象」，此句之「參伍以變」注解者說法不一，《周易本義》以為這是古語，舉古人之說以供參考，如引荀子說：「窺敵制變，欲伍以參。」韓非子說：「省同異之言，以知朋黨之分；偶參伍之驗，以責陳言之實。」又說：「參之以物，伍之以後參。」《史記》說：「必參而伍之」，又說：「參伍不失。」《漢書》說：「參伍其賈，以類相準」等。《周易本義》以為：「此足以相發明矣。」《易經》總是以卦爻之變反映事物之變。卦變自爻變起，爻變起自「參伍之變」，而爻變之數交錯綜合，形成爻位與爻位之關係。故如若通曉卦爻之變，則可知相關事物之結構和相互間的關係；如果通曉卦爻之數位關係，就能了解天下事物當有何種表現形態。

但劉歆卻認為參就是三，伍就是五。他說：「太極運三辰五星於上，而元氣轉三統五行於下。其於人，皇極統三德五事。故三辰之合於三統也，日合於天統，月合於地統，斗合於人統。五星之合於五行，水合於辰星，火合於熒惑，金合於太白，木合於歲星，土合於填星。三辰五星而相經緯也。天以一生水，地以二生火，天以三生木，地以四生金，天以五生土。五勝相乘，以生小周，以乘乾坤之策而成大周」。他將三辰（日、月、恆星）與五星（五大行星），與三統五行、三德五事做了對應，就將《周易》強調的天地人三才全都考慮到了。

他從「辰」與「統」都是三，「星」與「行」都是五，

做出了天地人三才的事象的對應，從而可以進一步考察這些事象的變化情況，而深刻掌握三才之奧秘。

劉歆直接就說「五勝相乘，以生小周」。例如，木合於歲星，而天以三生木，所以，歲星的小周應是這個三乘其勝木者之數。按五行相勝是金勝木，而「地以四生金」，故金數四。所以歲星的小周是 $3 \times 4 = 12$。

接著求其大周，劉歆說：「以乘乾坤之策而成大周，」即以小周之數乘以乾坤之策。按乾坤之策也是據《易‧繫辭》之所說：「乾之策二百一十有六，坤之策百四十有四。」故木星小周 12，乘坤策 144，得：

$$12 \times 144 = 1728 （大周）$$

大周也叫「歲數」。按小周即上古觀測者觀測到歲星十二年一周天的事實，在這裡用木金兩五行之數相乘而得，是劉歆用《易》數來解釋歲星 12 年一周天的觀測值。大周是說歲星環行一大周而又復於起點。即星分一終之歲數。在大周的 1728 年中，歲星可見 1583 次，這在三統曆中稱為「見中法」，即見數也。所謂「見中法」亦即歲星會合周期數，由此可得歲星一個會合周期約 398.71 日，這個數值也還是相當精密的。

至此還要說明一個問題，即是以小周乘乾坤之策得歲數，但所說歲星卻是乘其坤策，為什麼偏偏乘坤策呢？因為三統曆始創歲星超辰法，以推歲星之所在。古人以歲星 12 年一周天，分周天為 12 宮次（即星紀、玄枵、諏訾、降婁、大梁、實沈、鶉首、鶉尾、壽星、大火、析木十二宮次），以歲星所在之次為紀年之標準。如《春秋》、《國

語》中載「歲在鶉火」，「歲在星紀」之類。

但是，實際上歲星並不是準確的 12 年一周天。其行天一周之實值當為 11.86 年，所以若每一小周以 12 年計，每周歲星超過百分之十四年（因 12 － 11.86 ＝ 0.14）。則經過七周之後，約 84 年而超出一次。三統曆首先指出這種「歲星超辰」的現象，但由於當時或觀測不精，或有所設想，只認為歲星經天 144 年，歲星行天 145 次。即 144 年超辰一次。與前述今世實測 84 年超辰一次相去較遠。

但自三統曆創超辰紀年法之後，古代之歲星紀年即不再使用，而後世使用的干支紀年法，又在東漢順帝（126－144）之後，其間自三統曆始至順帝之近 200 年間即用此超辰紀年法。如第一年歲星在子（玄枵），第 144 年歲星行過酉（大梁）而在申（實沈）。劉歆或因認為 144 年歲星超辰一次，故而以 144 小周，即 1728 年作為大周歲數。而 144 這個數正是坤策。

當然反過來也有可能，就是劉歆根據《易繫辭》所給乾坤策數，而取坤策 144 作為其超辰數據，因 144 較 216 數的乾策，於疏闊中較為微近。

由於歲星用於紀年，所以三統曆十分注意歲星（即木星）的行跡，不僅認真觀測，且加詳細探討。劉歆採取《易》數方法探討歲星，雖略嫌言之粗疏，但始終注意尊重實測，不與觀測相誤，且頗為精確。

但他將對歲星的《易》數探討法貫徹到探討其它四個行星的行跡時就不那麼順利。觀其對於太白（金）星之所說就可看出：「金火相乘為八，又以火乘之為十六而小復，小復

乘乾策為三千四百五十六，是為太白歲數。」這裡不言小周而言小復，可能是對兩次乘火數而言。其小復乘乾策之理亦未有說明。

對於鎮星（土星）則說：「土木相乘而合經緯為三十，是為鎮星小周，小周乘坤策為四千三百二十，是為鎮星歲數。」這裡因為土五數，木三數相乘得 15。由於實測土星恆星周期（即所說的行天一周）為 28 年，將近 30 之數。可見劉歆確有求數以合天的考慮。

對於熒惑（火星）他說：「火經特成，故二歲而過初，二十三過初為六十四歲而小周。小周乘乾策，則太陽大周，為一萬三千八百二十四歲，是為熒惑歲數」。這裡不講「五勝相乘得小周」，而說 32 過初得小周。

所謂「過初」，就是三統曆所說：「熒惑二歲而過初」，謂火星二年一周天，而又超過於起點（今測火星周約為 687 日，則火星天行二年，將超過 43 日餘，365.25 × 2 - 687 = 43.5），也說明三統曆注意與實測的相符。這裡要特別指出三統曆之實測值是足夠精密的。再以小周乘乾策得熒惑大周。對於辰星（水星）三統曆說：「星辰一歲而及初」，謂水星行一年，未到起始點而將及起始點，今測水星之恆星周約 88 日，則一年之內，星行不及四周，尚差十餘日，所以他說：「水經

特成，故一歲而及初，六十四及初五小復，小復乘坤策，則太陰大周，為九千二百十六歲，是為辰星歲數。」

四、《易九厄》

太初改曆後，由原來一元的 4560 年，增加到 4617 年，即一元增加 57 年。古六曆為四分曆，稱三分之一元為紀，一紀得 1520 年。太初曆則是一元分為三統，每統為 1539 年。一統比一紀多出 19 年，即多出一章之數。對於這個年數的增多，一紀多出一章，一元多出三章要作出解釋，為此《三統曆及譜》引《易九厄》之說。

按《漢書‧律曆志》所載《易九厄》之說為：

> 初入元，百六，陽九；次三百七十四，陰九；次四百八十，陽九；次七百二十，陰七；次七百二十，陽七；次六百，陰五；次六百，陽五；次四百八十，陰三；次四百八十，陽三。凡四千六百十七歲，與一元終。經歲四千五百六十，災歲五十七。

由孟康的注釋，可以看出《易》對太初曆年增加的實際意義。孟康首先說：「《易傳》也，所謂陽九之厄，百六之會者也。」即是說《易九厄》也是屬於《易傳》的內容。而這個《易傳》的內容，說了「陽九之厄，百六之會」的事。所謂「陽九之厄」或許與乾卦上九爻辭「亢龍有悔」有某種關聯，而「百六之厄」可能自坤卦上六爻辭「龍戰於野，其血玄黃」有所啟迪。孟康接著說：「初入元百六歲有厄者，則前元之餘氣也，若餘分為閏也。《易》爻有九六七八，百六與三百七十四，六八之數也。六八四十八，合為四百八十歲也。」他要點明的是：一元中多出的 57 年是「前元之餘

氣」，即一元之中尚有這 57 年的剩餘部分，猶如一年有餘零的日分，要置閏月加以安排。

其次還要說明：一元開頭的 480 年，分成 106（即是百六）和 374 兩個部分。因為只有六和八是《易》爻之數。而所以要分成這兩部分，因為這百六之歲直接與前一元相連接，前一元的餘分閏氣相對地要在這 106 年中表現得集中一些，即這 106 年中會有較多和較大的災厄。所以說：「初入元，百六，陽九」。即初入元的 106 年中就有九個陽厄之年。陽厄可能包括旱災之類。接下 374 年中有九個陰厄之年，陰厄可能包括水災之類。這 18 個陽厄和陰厄之年分布在一元開頭的 480 年中。即這 480 年中災厄年分約占 4%。這 480 年過後，接著仍是 480 年為一段。這第二個 480 年即第三厄還有九年陽厄。《漢書·律曆志》上引如淳注云：「六八四十八，為四百八十歲，有九年旱。」這第三厄的災厄之年約占 2%。接著第四和第五厄各是 720 年。第四厄的 720 年有七個陽厄年；第五厄的 720 年有七個陰厄年。這兩厄的 720 年中，災厄之年約占 1%。為什麼分兩個 720 年呢？按孟康說：「亦九乘八之數也，九八七十二為七百二十歲。」按如淳說：「八十歲紀一甲子冬至，以八乘九，八九七十二，故七百二十歲，乃有災也。」若據《易九厄》之本義，《易》爻數是六七八九，九與八相乘得七十二，也是《易》爻之數為之。但這裡如淳提出「八十歲紀一甲子冬至」的話，似有所說明。

另外連續兩用 720 年，和前面第一第二第三三個厄連續兩用 480 年一樣，都因為於《易》爻六、九為變數，因為是

變數故而連用兩次。第六厄與第七厄各為600年，這次不是用《易》爻變數，而是用《易》爻象數，即七、八不變之爻數。七乘八得560，八乘八得640，兩者平均為600。故第六厄和第七厄會各為600年，各有陽厄和陰厄五個災年。第八厄和第九厄又是取六之數，即兩個480年。之所以又取《易》爻之六數，由於六為老陰，九為老陽，老數必變，故連用兩次。老陰數六既是變數，又是偶數，故要偶數遍連用，偶數最小為二，故六用四次。九雖是變數，只要奇數遍連用，奇數最小為一，故只需一次連用。

其關鍵的數在於八。八不僅是《易》爻之數，而且還是一種更有深意的一種省略性的數。上面引過如淳的話說：「八十歲紀一甲子冬至」，其意思當是對四分法而言。因四分法一歲為 $365\frac{20}{23}$ 日，其夜半冬至是四年一反初，那麼80年也是冬至回到夜半。它比前述四分曆之一部多出四年，因而冬至點也在夜半。但一部76年的日數（27759）日與一干支周日數60不可通約，因而一部之後只能是夜半冬至、朔旦，即冬至點與合朔在同一日夜半，但這一日卻非甲子日。可是80歲共有29220日，此數與60可以通約。

所以，若最初是甲子日夜半子時交冬至，則經過80年又回復到甲子日夜半子時交冬至。但不像76年那樣同時朔旦。因而說80年是「一甲子冬至」。

正如《漢書・律曆志》引如淳注說：「八十歲合484甲子，餘分皆盡，故八十歲則一甲子冬至也。」80年的「餘分皆盡」這一特點被《易九厄》加以利用，以作為每一厄的被乘數。而《易》爻九八七六作為乘數，建立起《易九厄》

的厄年分布模式。80 年作為「一甲子冬至」顯示其在陽曆系統中是「餘分皆盡」的時間段落，但其與陰曆系統亦有關係。古四分法的一紀是 1520 年，恰好是 80 個章歲，即 80 個 19 年。因而一紀以章為基本時間單位就是 80 章。在三統曆而言，一統為 1539 年，但其經歲當為 1520 年，災歲為 19 年。即有 80 章經歲和一章災歲組成。總的說一統為 81 章。於是從古四分法而言，視 80 年為一個時間單位，一紀是 19 個 80 年單位，一元就是 27 個 80 年單位。但就三統而言，若將 57 個災年平均分布，則一統有 81 個章歲。但也視 81 年為一個時間單位，那麼一統就是 19 個 81 年。81 年是由 80的個經歲年加一個災歲年組成，這當然是將 57 個災歲年絕對平均分布的情況。

81 年的時間單位，後世太乙式家稱為「一境」。一境與 80 年的單位卻差別很大。因為一境不是甲子日夜半冬至的會合周期，而是一個黃鍾律數的年數。也是三統曆閏餘之氣平均分布的時間間隔。

在引《易九厄》時，三統曆就說：「元歲之閏，陰陽災，三統閏法。」即說有陰陽災的年分是元歲之閏氣，而《易九厄》就是三統曆一元的閏法。也就是不認為災厄年應該平均分布，而是具有某種相對集中分布的傾向。前面已指出在第一厄 106 年中就有九個陽厄年，在這 106 年中災厄年占 8.5%，而第一、第二兩厄的災年占 480 年的 4%；可是第三厄的災年只占全厄年數的 2%；第四、第五厄的災年，只占 1%；第六、第七兩厄，災年只占 8‰，第八、第九厄災年只占該厄的 6‰。即呈現災年厄會隨入元深度遞減的趨

勢。這突出了三統曆一元增加 57 年的閏餘之氣的論點；也突出了兩元接交之初災變為盛的神秘預言氣氛。

但要注意的是 80 年一個時間單位的純陽曆特性，和 81 年一個時間單位的音律律法特性。使得本來只應與天象相關的曆法，改變為強調天度（日月五星等行度）與氣數（陰陽之氣的變化）相應的曆法。

可能《易九厄》對太初改曆的解釋，使得古代曆法更多地注意人類生活和活動的時間安排，更多地注意曆法與人世的對應。就曆法的原本意義而言，其內容並不複雜。但由於這樣的考慮，使得漢代以後的曆法，都形成一種百科全書式的曆本，指導著人類的生活和活動的安排。

《易九厄》還有一個意思就在於它反映了古代人們對災異的規律性的探討。《易九厄》就是對災厄的時間分布進行研究，並且試圖對災異的發生作出可能的預報。三統曆引《左傳》說：「閏月不告朔，非禮也。閏以正時，時以作事，事以厚生，生民之道於是乎在矣。」《律曆志》中引師古注說：「言四時漸差，則置閏以正之，因順時而命事，事得其序，則年穀豐熟。」從對「閏月不告朔」的批判引伸出要正確置閏的意義。對閏月都要如此重視，何況對一元之閏餘之氣呢。《易九厄》就是對一元閏餘之氣進行置閏的一種理論或探討，也就是對災厄行為預測的考慮。當然《易九厄》不是一個關於災異規律的成功的探索，但在它的影響下，古代人們對災異的探索一直很熱門，似乎這也反映了西漢時代災異頻仍的實際。

圖4-1　十二辟卦圖

五、卦氣說

　　劉歆引《易》說曆，撰成其著名的《三統曆及譜》，對太初曆做了理論性的說明和解釋。在當時是有代表性的，對後世也是有影響的。特別是他注意與實際觀測符合，因而三統曆在天文曆法上也是有巨大成績的。但是，除了劉歆外，西漢時代還有一些學者，也試圖用《易》來對太初法作出解釋。當時可能有不少《周易》學者進行過這項工作，本節主要介紹孟喜和京房為代表的卦氣學說。

　　卦氣學說與三統曆都是以《易》解曆。但卦氣學說不注意直接用《易》來解釋或說明太初曆的數據和推步，而是試

圖在《易》與曆的一般性關係中，找出《易》與曆之間更為深刻的內在關聯。或許是由於以律生曆的啟發，卦氣說者相信《易》和曆之間有著自然的本質的關聯。曆是對天上的日月星辰運行情況的描述，而《易》則是對天地宇宙間一切事物的本質性的描述。因而這兩者可以互相表示，而且如果處理得妥善的話，一部精心製作的太初曆就會在《周易》系統中自然地顯示其優越。為此卦氣學者對曆對《易》都做了相應的處理。

卦氣學者一方面將作為《周易》基礎的六十四卦，融入一年十二個月，二十四節氣等時間周期之中。反之，也將各種時間單位和時間周期融入卦爻之中。為此試用過多種辦法。大概一直也沒有達到理想的結果。

其將六十四卦配於一年的諸時間周期，是將六十四卦分為三類：第一類只有四卦，稱之為方伯卦，即四正卦，坎震離兌。這可能是作為定標卦而設計的。第二類是十二月卦或稱十二辟卦。辟有「王」和「主」的意思。第三類稱之為雜卦，即除上兩類 16 卦外的 48 卦。

四正卦主四時。四卦共有 24 爻，每爻主二十四節氣的一個節氣。曆自冬至開始，卦從坎卦為始。坎卦六爻主冬至及其後的六個節氣。即坎卦初六主冬至，九二主小寒，六三主大寒，六四主立春，九五主雨水，上六主驚蟄。震卦主春分後的六個節氣，震初九主春分，六二主清明，六三主穀雨，九四主立夏，六五主小滿，上六主芒種。離卦主夏至及其後之六個節氣，離初九主夏至，六二主小暑，九三主大暑，九四主立秋，六五主處暑，上九主白露。兌卦主秋分及

其後之六個節氣。兌卦初九主秋分，九二主寒露，六三主霜降，九四主立冬，九五主小雪，上六主大雪。雖然四正卦及其各爻均不具體值日，但其定標意義至為明顯。在推算上，將此四正卦列為定標而外，餘下 60 卦也便於處理。

對於十二月辟卦，因辟為王，故辟卦即是各月為主之卦，完全是按照陰陽消息來排列。曆自冬至起，冬至所在之月為建子之月，以復卦為辟卦。復卦上體為坤，三爻皆陰；而下體為震，一陽爻在下，正好與冬至一陽初生、群陰在上的情況相符。接著建丑之月（即大寒中氣所在之月）以二陽在下的臨卦為辟卦。然後是建寅之月（農曆正月，雨水所在之月）泰卦為辟卦，即所謂「三陽開泰」。建卯之月（春分所在之月，農曆二月）大壯卦為辟卦，下面四爻為剛爻，上二爻為柔爻。建辰之月（穀雨所在之月，農曆三月）夬卦為辟卦，夬卦上體為兌，下體為乾，只有最上一爻為陰。建巳之月（為小滿所在之月，農曆四月）乾卦為辟卦，六爻全陽，至此陽氣為最盛之時。然後是建午之月（即夏至所在之月，農曆五月）以姤卦為辟卦，這正是夏至一陰生的反映。以下是建未之月（即大暑所在之月，農曆六月）以遯卦為辟卦。建申之月（處暑所在之月，農曆七月）以否卦為辟卦。建酉之月（秋分所在之月，農曆八月）以觀卦為辟卦。建戌之月（霜降所在之月，農曆九月）以剝卦為辟卦。建亥之月（小雪所在之月，農曆十月）以坤卦為辟卦。

可見由冬至一陽生，以後每月陽息陰，即每月增一陽爻。至四月小滿六陽俱全得乾卦。然後夏至一陰生。以後每月陰消陽，即逐月消去一陽爻，至十月小雪，得全陰坤卦。

完全依陰陽消長來表示。

　　本書前已引述《易・彖辭・豐卦》說：「日中則昃，月盈則食。天地盈虛，與時消息。」又引《彖辭・剝卦》說：「君子尚消息盈虛，天行也。」卦氣說者據此作了十二辟卦，由陰陽消息、天地盈虛來說明年的周期變化過程。所以十二月卦或十二辟卦，也稱十二消息卦。

　　第三類是 48 個雜卦。卦氣說者因為卦已有了十二個辟卦，四方伯卦、因此將其餘 48 卦分為公卦、侯卦、大夫卦、卿卦四等。由於四個方伯卦列外，其餘 60 卦就分為五等卦。再將這五等卦各隨辟卦分布於各月之中。這五等卦在一個月中的排列次序是：一個月開始三天是侯卦的外卦，即侯卦上面三爻組成的單卦當值。接著是大夫卦，然後接卿卦，卿卦後面是公卦，然後辟卦，再接著月尾是侯卦內卦（即侯卦下面三爻組成的單卦）。但要注意，本月初的侯卦外卦與上月尾的侯卦內卦是同一個重卦。而本月初侯卦外卦，與本月尾的侯卦內卦卻不是同一重卦。前面將各月辟卦的排列詳細說明，其餘四等卦在各月之分布略述於下：

　　三公卦。十一月中孚卦起冬至，十二月升卦起大寒，正月漸卦起雨水，二月解卦起春分。三月革卦起穀雨，四月小畜卦交小滿，五月咸卦交夏至，六月履卦交大暑，七月損卦起處暑，八月賁卦起秋分，九月困卦起霜降，十月大過卦起小雪。三公卦起於各月中氣。

　　諸侯卦。十一月屯卦（屯內卦在十一月尾，屯外卦在十二月初），以後各月只說該侯卦內卦所在之月。如十二月小過卦，即是說侯卦小過之內卦在十二月尾。正月需卦，二月

表4-1 卦氣圖表（五等卦與節氣對應表）

節氣	（月中節）	始　卦	中　卦	終　卦
冬至	十一月中	金　中孚	辟　復	侯　屯（內）
小寒	十二月節	侯　屯（外）	大夫謙	卿　睽
大寒	十二月中	公　升	辟　臨	侯　小過（內）
立春	正月　節	侯　小過（外）	大夫蒙	卿　益
雨水	正月　中	公　漸	辟　泰	侯　需（內）
驚蟄	二月　節	侯　需（外）	大夫師	卿　晉
春分	二月　中	公　解	辟　大壯	侯　豫（內）
清明	三月　節	侯　豫（外）	大夫訟	卿　蠱
穀雨	三月　中	公　革	辟　夬	侯　旅（內）
立夏	四月　節	侯　旅（外）	大夫隨	卿　比
小滿	四月　中	公　小畜	辟　乾	侯　大有（內）
芒種	五月　節	侯　大有（外）	大夫家人	卿　井
夏至	五月　中	公　咸	辟　姤	侯　鼎（內）
小暑	六月　節	侯　鼎（外）	大夫豐	卿　渙
大暑	六月　中	公　履	辟　遯	侯　恒（內）
立秋	七月　節	侯　恒（外）	大夫節	卿　同人
處暑	七月　中	公　損	辟　否	侯　巽（內）
白露	八月　節	侯　巽（外）	大夫萃	卿　大畜
秋分	八月　中	公　賁	辟　觀	侯　歸妹（內）
寒露	九月　節	侯　歸妹（外）	大夫無妄	卿　明夷
霜降	九月　中	公　困	辟　剝	侯　艮（內）
立冬	十月　節	侯　艮（外）	大夫既濟	卿　噬嗑
小雪	十月　中	公　大過	辟　坤	侯　未濟（內）
大雪	十一月節	侯　未濟（外）	大夫蹇	卿　頤

豫卦,三月旅卦,四月大有卦,五月鼎卦,六月恆卦,七月巽卦,八月歸妹卦,九月艮卦,十月未濟卦。

　　大夫卦。十一月蹇卦,十二月謙卦,正月蒙卦,二月隨卦,三月訟卦,四月師卦,五月家人卦,六月豐卦,七月節卦,八月萃卦,九月無妄卦,十月既濟卦。

　　九卿卦。十一月頤卦,十二月睽卦,正月益卦,二月晉卦,三月蠱卦,四月比卦,五月井卦,六月渙卦,七月同人卦,八月大畜卦,九月明夷卦,十月噬嗑卦。

　　只要按各等卦的排列次序,依月份排列起來就得卦氣圖。例如十一月,先是未濟卦外卦,然後就是蹇卦(大夫卦),接著是頤卦(九卿卦),中孚卦(三公卦),復卦(辟卦),屯卦內卦。以下就依《新唐書・曆志》發斂術所提供的表,整理抄錄於下。(見表4-1)略去其七十二侯。

　　北魏張龍祥、李業興等撰正光曆,始將卦氣引進曆法,即謂:「四正為方伯,中孚為三公,復為天子,屯為諸侯,謙為大夫,睽為九卿,升還從為三公,周而復始。」(《魏書・律曆志上》)說明這個表至遲自正光曆就已是這個次序。

　　卦氣學說援《易》入曆的根據,似主要是《易・繫辭下》所說:「《易》之為書也不可遠,為道也屢遷,變動不據,周流六虛。上下無常,剛柔相易。不可為典要,惟變所適。」《易》之所述是天地間一切變化之事物或一切事物之變化,而一切變化之物或一切事物之變化都有規則可尋。其中有一條規則,由《易》看來是一切事物的變化都有某種周期性,諸如終始、往返、來復等等,已在前幾章中提到。

曆法則更是由一系列大小不同的時間周期所組成，而曆法周期正是天象運行的各種空間周流的時間描述。而任何事物的變化都是在曆法所說的一系列時間周期內顯現的。所以曆法是天地人三界的一個接合部。而《易經》卦爻系統被認為是更本質的宇宙萬有的一種符號表示，用《易經》系統來描述或融合曆法是很自然的。而且在古代《易》學家、曆法家看來，兩者若不能融合或互相描述，那才是不可思議的。前面說的太初改曆的思想是如此，劉歆是如此，《易九厄》是如此，卦氣說者也是如此。

由於《易經》中還有第二條關於變化的規則，就是：陰陽之氣伴隨著一切事物變化之始終。而陰陽之氣，卻表現為「消息盈虛」，表現為「與時消息」。所以一切周期變化過程都是在生長消亡，損益盈虛，剛柔相推，陰陽相繼等等的狀態之中。人事社會的變化固是如此，天地日月的變化亦如此。《漢書·律曆志》特別多地引用《易·繫辭》這段話中的「變動不居，周流六虛」。認為天體（天球）及天上的日月五星是在天上地下前後左右六合之中空虛之處做日夜不停地終而復始的運行，這就是「變動不居，周流六虛」的具體寫照，本章前面第三節中也介紹了風氣在六律六呂上的周流，也是一種「周流六虛」。

《易》卦各爻的上下來回不斷地作剛柔陰陽的變化，也是「周流六虛」。

前面又引過虞翻關於戊巳干只配虛辰的日辰上所表現出的「周流六虛」等等。因而《漢書·律曆志》說：「故陰陽之施化，萬物之終始。既類旅於律呂，又經曆於日辰，而變

化之情可見矣。」這裡實際上隱含了《易》學關於變化的第三條規則，就是萬事萬物變化的情況是可以互相模擬的，即一種事物的變化或一種變化的事物，可以用另一種變化或另一種事物來類比，來表示。

在《漢書·律曆志》中還說：「以《易》大衍之數五十，其用四十有九，成陽六爻，得周流六虛之象也。」又說「宮以九唱六，變動不居，周流六虛。」即說陰陽之氣在卦爻之六位變動不居，就意味著卦之六爻描述了陰陽之氣流行於六虛的本質。萬事萬物周流六虛儘管複雜多樣，儘管表述煩難，都可以用這個卦爻模式做出解釋和說明。《易緯·乾鑿度》說：「孔子曰，易者易也，變易也，不易也。管三成為道德包籥」即是說「易」平易、變易和不易。鄭玄注說：「《易》道統此三者，故能成天下之道德，故云包道之要籥也。」據此鄭玄進一步說：「《易》一名而含三義：易簡，一也；變易，二也；不易，三也。」這就是說《易》和卦爻是天地宇宙、萬事萬物運動變化（變易）的一種模式（易簡），而探索其中的宇宙法則（不易）。

卦氣說還有一點，就是在處理卦爻與日辰相配方法上，反映了他們對三統曆的看法。這應是卦氣學說的具體的技術細節，但它有個專門名稱，叫「六日七分」法。這個「六日七分」是將一年的 365 日有餘分配到各卦上去的具體方法。不過「六日七分」可能還是一種占測吉凶之術。《後漢書·郎顗傳》說郎顗的父親郎宗：「學《京氏易》，善風角、星算、六日七分、能望氣占候吉凶，常賣卜自奉。」這裡的風角、星算、望氣等都是占候吉凶之術，將「六日七分」列於

其中，自然亦視為占候吉凶之術。

但是，流傳下來的「六日七分」法很簡單，就是認一回歸年仍為 365.25 日，將 360 日分於 60 卦，即每卦得 6 日。然而餘下的 5.25 日如何處理呢？就確定每日 80 分，5.25 日共得 420 分。將此 420 分分布於 60 卦，則每卦得 7 分。故一歲 365.25 日平均分布於 60 卦，每卦得六日七分。對於一個月而言，即一個月五卦，得 $30\frac{50}{80}$ 日。這是一個純陽曆系統，與陰曆系統並無直接關聯。

這樣，卦氣說者就將卦與月（非朔望月）、日緊密地結合起來，完成了《易》描述曆法的設計。但就六日七分法來看，將每日分為 80 分，而不是 81 分，顯然與鄧平「八十一分律曆」不協。固然此處用四分法頗為簡單明瞭，但曆法中的日的分數是基礎數據，不宜隨意。這一情況可能是訴諸於改曆者在著意於以律入曆時只關心或者主要關心朔策，而未及注意歲實。

可能由於認為朔策實際上只是小小地改變了一點點，大概不致於影響歲實，也許有人算過歲實所受的影響。按一年有 $12\frac{7}{19}$ 個朔望月（因為 19 年七閏的章法不變），每一個朔望月 $29\frac{43}{81}$ 天，這兩者的乘積是：$365\frac{385}{1539}$，即 365.25016 日，這也是一個相差極其微小的數值。所以在用回歸年長度時，用 365.25 日可能還是自然而然的。

雖然這可能是無意，但反映了在劉歆撰《三統曆》前，太初曆的四分法氛圍還是相當濃重。

卦氣說從天地間萬事萬物變化的陰陽消息的周期性律則上做了多方面深入的聯繫。但由於他們尚不能知道他們面臨

的對象的本質知識，因而他們不可能取得真正積極的科學成果。可是他們強調的理性思維，探索事物深層的或本質的機制，利用卦爻與各種現象規律做普遍的聯繫，並由這種聯繫力圖揭示各種現象間在更深層次上的相互關聯。

在漢代由董仲舒發展的天人關係學說，透過太初改曆，及對新曆的《易》學方面的表述，而進一步深化和發展。並在這一過程中，實際上拋棄了董仲舒的神學目的論，而代之以廣大的《易》道，由此引發的思想對當時及後世都產生了深刻的影響，對此當做進一步的探討，但已逸出本書所述的範圍。

六、唐大衍曆

孟京卦氣說的傳播對曆法產生了很大的影響。在西漢末和東漢時期，處於顯學的地位。其影響所及，不僅限於天文、曆法，更涉及氣候、物候、農業、醫藥等與人民生活密切相關的領域，而且還引卦氣說論述郡國政事。漢元帝（前48－前33）時已立《京氏易》博士。《京氏易》除京房自己的學生外，還有不少士子、官員等研習。如西漢成帝（前33－前7）時的北地太守谷永，就於「天官、《京氏易》最密，故善言災異」。其時「災異尤數」，如元延元年（前12）春正月己亥朔，日有食之。夏四月丁酉，無雲有雷，聲光耀耀，四面下至地，昏止。秋七月，有星孛於東井。對於這一系列連續發生的「天象」，又加上前些年的自然災害，使得漢成帝甚為不安。

他於有星孛於東井的天象發生後，就立即下詔說：「乃者，日食星隕，謫見於天，大異重仍。在位默然，罕有忠言。今孛星見於東井，朕甚懼焉。公卿大夫、博士、議郎其各悉心，惟思變意，明以經對，無有所諱。」前些時候日食、星隕等等災異天象屢屢出現，而各位官員都沒有對此說過什麼，現在孛星又在井宿出現，我很害怕，希望公卿大夫、博士、議郎等大官認真考慮這些變異有什麼意思，直言提出。同時，還派出專使聽取谷永的意見。谷永說：

王者躬行道德，承順天地，博愛仁恕……黎庶和睦，則卦氣理效，五征時序，百姓壽考，庶草蕃滋，符瑞並降，以昭保右。失道妄行，逆天暴物，窮奢極欲，湛湎荒謠，婦言是從，誅逐仁賢……百姓愁怨，則卦氣悖亂，咎征著尤，上天震怒，災異屢降，日月薄食，五星失行……山崩川潰，孛星耀光。

他用卦氣的有效與悖亂來論述世事及朝政。即是以卦氣與天度氣應進行比對，若是卦氣理效，則天度氣應與卦候相符；若是卦氣不效，則分至寒溫皆失其度。谷永以《京氏易》講政治，說：「垂三統，列三正，去無道，開有德，不私一姓，明天下乃天下之天下，非一人之天下也。」可見卦氣說將災異、天象、人民的生活、帝王的行為、朝廷的政治全都聯繫起來。也就是說卦氣說深入到當時社會的各方面。

前節已經說到北魏張龍祥、李業興等撰正光曆，將卦氣引入曆法，使得卦氣說成為曆法的一個項目，說明當時卦氣說已在官方和民間普遍行用。正光曆第六術為「推五行沒滅易卦氣候上朔術。」其推四正卦術說：

因冬至大小餘，即坎卦用事日；春分，即震卦用事日；夏至，即離卦用事日；秋分，即兌卦用事日。

然後求中孚卦。因卦氣說以冬至起中孚，故要求中孚卦用事日。其求法為：

加冬至小餘五千五百三十，小分九，微分一。微分滿五從小分，小分滿氣法（24）從小餘，小餘滿蔀法（6060）從大餘，命以紀、算外，即中孚卦用事日。其解加震，咸加離，賁加兌，亦如中孚加坎。（《魏書‧律曆志》上）

按此說可推求得交冬至後曆 0.9126 日方為中孚卦用事。微分 1 化為小分為 0.2（1／5），小分化為小餘為 9.2／24，（9.2 為小分 9 加微分 1 後之小分值）得 0.3833 小分。故共有小分 5530.3833，以 6060（正光曆蔀法）除之，得 0.9126（$\frac{5530.3833}{6060}$）日，由此可知坎卦當值冬至日的時間，約當四分曆的 $\frac{73}{80}$ 日，此 $\frac{73}{80}$ = 0.9125 日，約當正光曆之 5529.75 小分。由日相差說，兩者（正光曆和四分曆）差為 0.0001 日，即約差 8.6 秒，若由小分差來說，兩者相差 0.6 小分。這正是唐僧一行所說京房「六日七分」的計算法。

求出二分二至日各卦之後，再求次卦，此處即求中孚卦後的復卦。其求法為：

加坎大餘六，小餘五百二十六，小分十四，微分四，微分滿五從小分，小分滿氣法（24）從小餘，小餘滿蔀法從大餘，命以紀；算外，即復卦用事日。大壯加震，姤加離，觀加兌，如中孚加坎。（《魏書‧律曆志》下）

此即一卦曆六日七分之說。從坎卦（即一天後），加大餘六，即加六天。小餘 529.6167，約算至大餘為：$\frac{529.6167}{6060} = 0.0874$，與四分曆 $\frac{7}{80}$ 日比較可見兩者也只差萬分之一日。但要注意，求次卦的計算起點是從坎卦開始（加坎卦大餘六），因而實際上是中孚卦只有五日七分，而非六日七分。其中有 $\frac{73}{80}$ 分由坎卦占去。以後各卦當盡得六日七分。

《正光曆》所述之「易卦氣候」當還包括七十二候，此處不擬詳述，但其推算法得稍做說明。《正光曆術》說：「推七十二候術日：因冬至大小餘，即虎始交日，加大餘五，小餘四百四十一，小分八，微分一，微分滿三從小分，小分滿氣法（24）從小餘，小餘滿蔀法（6060）從大餘，命以紀、算外，所候日。」即虎始交這一候交冬至中氣，從冬至起算。曆 5.07283 日至下一候。一年七十二候，共得 $72 \times 5.07283 = 365.24376$ 日，按《正光曆》之歲實為蔀法（6060）除周天（2213377），得 $365 \frac{1477}{6060}$，即 365.24373 日，這一候之餘數較四分曆之推算略小。

《正光曆》六十四卦之分類和排列一如第一節卦氣說之所述。自《正光曆》之後，隋唐以降，各曆皆沿襲相承。迄至元郭守敬著《授時曆》始去之。

唐開元九年（721），當時行用的李淳風創的麟德曆因署日食比不效，遂詔僧一行作新曆。僧一行推大衍數立術，十五年草成而一行卒。乃詔特進張說與曆官陳玄景等次為曆術七篇，略例一篇，曆議十篇，於開元十七年（729）頒行。開元二十一年（733）瞿曇撰與曆官陳玄景奏：「大衍寫《九執曆》，其術未盡。」太子右司御率南宮說亦非之。

於是詔侍御使李麟、太史令桓執圭等較靈臺候簿，即用觀測記錄考驗各曆之優劣。結果是：「大衍十得七八，麟德才三四，九執一二焉。」（以上皆引自《新唐書・曆志三上》）一般說來大衍曆較其它曆法都要精密。

但大衍曆被人們所評論者，即認為「依易蓍之數，為立法之據，不免附會牽涉。」❶《疇人傳》論曰：「昔人謂；一行竄入於易以眩眾，是乃千古定論也。」但並不是所有人都持批判態度。

陳遵媯認為《疇人傳》對一行的批評實非妥當，他認為大衍曆反映了時代的潮流。《漢書・律曆志》就已經用易數說曆數。而《新唐書・曆志》說：「蓋曆起於數，數者自然之用也。其用無窮，而無所不通。以之於律於易，皆可以合也。」這說明律數或易和曆數有必然的聯繫。❷

大衍曆現存新舊唐書二曆志者，曆術七篇，曆議 12 篇（內略例三篇），曆術明立法之本源，曆議所以考古今得失，略例所以明述作本旨。

僧一行同劉歆一樣，對《易・繫辭》的：「天數五，地數五，五位相得而各有合，所以成變化而行鬼神也」特別看重。《大衍曆》最重要的三個數據為通法、策實、揲法。其通法即是日法為 3040。其策實亦名歲分，即一回歸年的分數，為 110340 除之得歲實；其揲法為一朔望月的總分數 89773，除以通法 3040 得朔策。其通法（3040）相當於四分法中 940，三統曆中的 81。就四分法而言，朔策日數的奇零部分為 $\frac{499}{940}$，歲實日數的奇零部分為 $\frac{1}{4}$；就三統曆而言，朔策日數的奇零部分為 $\frac{43}{81}$，而歲實日數的奇零部分為 $\frac{385}{1539}$。即

兩者採用不同的分母。

　　李淳風於麟德曆中採取總法。即破傳統章蔀紀元之法而廢章歲，合日法紀法為一，這樣一來，表示基本常數的日數的奇零部分，都用了共同分母，使計算簡便。通法之值為3040。而3040之求得實際上還得根據舊的章法，因為3040 = 19×160，即3040是160章之數。比如四分法朔策日數之奇零為$\frac{499}{940}$，這940即235×4，235即一章之月數；三統曆的81，是因八十一章為一統之數，也與章法相聯，李淳風取總法而廢章法，但一行仍暗依章法。

　　但是，一行卻認為3040有其更深層的原因。他在《大衍曆·曆本議》中做了詳盡的討論。

　　他將天地之數做了生數和成數的分類，說：「自五以降，為五行生數，自六以往，為五材成數。」又將天地之數分為五等：一、二是天地數之始；三、四是天地數之微；五、六則是天地之中數；七、八是天地之章數（此處章非閏歲之章，而是明白顯著的意思），九和十是天地之終數。他說：「合二始以位剛柔，合二終以紀閏餘，合二中以通律曆。」這就將律、曆、卦三者都聯通起來了。

　　一行又說：「卦有三微，策有四象，故二微之合在始中之際焉。蓍以七備，卦以八周，故二章之在中終之際焉。中極居五、六間，由闔闢之交，而在章微之際，人神之極也。」因而他又編織了一個可以周流的「六虛」。即將十個天地數，分為始、中、終三個小段。始中之間的三四謂之「微」，中終之間的七八謂之「章」，最後再分別出一個居於二中數五、六之間的中極，於是這個「成變化而行鬼神」

十個天地之數，在一行那裡又排列為始、微、中、極、章、終的「六虛」，一切大衍曆的基本數據，都在這六虛中周流。

他認為對曆法至關重要的六十干支周（即六十花甲）是從天地之中數五六求出。因為「天有五音，所以司日也；地有六律，所以司辰也。參伍相周，究於六十，聖人以此見天地之心也。」這就是將干和支參雜在一齊，一一相配，取得60個干支對的有序排列。他認為生數和成數與《易》的關係極大，說：「一，六而退極，五、十而增極；一六為爻位之統，五十為大衍之母。」生數的最小者為一，成數之最小者為六，故說一、六為退極，而退極之生成數相乘得六，即卦的爻位數。五為生數之最大，十為成數之最大，故稱為增極。而增極之生成數相乘得50，正得大衍之母數。若將五個生數總相加起來共得15；若將五個成數相加得40。這兩個數相乘，即生成數之總和相乘，有兩種情況。

一行說：「成數乘生數，其算六百（即 15 × 40 = 600）為天中之積。生數乘成數，其算亦六百（即 40 × 15 = 600），為地中之積。合千有二百（天中之積加地中之積），以五十約之，則四象周六爻也（4 × 6），二十四約之，則太極包四十九用也（1 + 49）。綜成數，約中積，皆十五（600／40 = 15）；綜生數，約中積，皆四十（600／15 = 40）。兼而為天地之數（40 + 15 = 55）。以五位取之（55／5 = 11），復得二中之合矣（5 + 6）。」

由此僧一行進而求取日法，他說：「天地中積，千有二百。揲之以四，為爻率三百（1200／4 = 300），以十位乘

之（300×10 = 3000），而二章之積三千。以五材乘八象（5×8），為二微之積四十。兼章微之積，則氣數之分母也。」氣數之分母就是通法 3040（3000＋40），是兼章微之積。

他解釋說：「《易》始於三微而生一象，四象成而後八卦章。三變皆剛，太陽之象；三變皆柔，太陰之象。一剛二柔，少陽之象。一柔二剛，少陰之象。」這其實講的是筮法，所以他又說：「蓍數之變，九、六合一，乾坤之象也。七、八各三，六子之象也。故爻數通乎六十（9＋6 = 15，乾坤之象。3×（7＋8）= 45，六子之象。15＋45 = 60）。策數行乎 240。是以大衍為天地之樞，如環之無端，蓋律曆之大紀也。」（以上皆引自《新唐書·曆志三上》）因此，在一行看來其通法全由《易》數得之。其思想本質與劉歆大致相同，但其論述之深度則較劉歆為甚。一行認為曆法描述的日、月運行在深層本質上與《易》卦描述的世界是本質一致的。3040 的通法就是從《易》數中得到的。而由 3040 通法就得到歲實和朔策等等。

除了以上描述的一行從《易》數推出大衍曆之基本數據外，他還常用卦象來直接解釋或說明天象。《大衍曆·日度議》就說了升卦、臨卦、小過內卦的例子。《日度議》引《國語》說：「農祥晨正，日月底（抵或至）於天廟，土乃脈發，先時九日，太史告稷曰，自今至於初吉，陽氣俱蒸，土膏其動。弗震不渝，脈其滿眚，穀乃不殖。」

一行解釋說，在周初時代，當大寒過後，立春前的九日，太陽在營室（室宿）。這一天大火星於平旦時分中天，

太陽距中天按古曆為91度。時在平旦，正太陽欲出未出之際，這種情況謂之「農祥晨正」。至正月朔日，日月會合於營室。營室於天官又謂之「清廟」，《聖洽符》說：「營室主土，天子廟。」所以說：「日月底於天廟」。如從《易》象上看，大寒為十二月中氣，卦氣說（見前節）大寒起公卦，故交升卦。升卦的卦象是上體坤而下體巽，坤為地而巽為木，即升卦為木在地中之象，實即是幼芽在地中逐漸發育生長之象。

大寒之時，正如一行所說：「大寒地統之中（《漢書‧律曆志》說十一月冬至中氣為天統，十二月大寒中氣為地統，正月雨水中氣為人統），陽洽於萬物根柢，而與萌芽俱升，木在地中之象。升氣已達，則當推而大之，故受之以《臨》，於消息，龍德在田，得地道之和澤，而動於地中。」升卦時為地統之中，陽氣在萬物之根柢，因而萬物萌芽上升。其當值六日七分之後，即轉入臨卦。臨卦是十二月消息卦。時為立春前九日，實即升卦轉臨卦之際。

臨卦的意思是大，《易‧乾鑿度》說：「臨者大也，陽氣在內中和之勵，應於盛位浸大之，化行於萬民。」即當《臨卦》入值之時，升氣已達鼎盛之際，要推而大之。言原在地內之生命將要破土而出，正在進一步積累生機之力量。於消息而言，臨卦是乾九二爻益於復卦的結果。復卦上體坤而下體震；臨卦則上體坤而下體兌。是冬至後陽息的自然進程。臨卦二爻，自乾二爻益於復卦而言，即乾之九二代坤之六二。乾九二納支為寅，臨卦九二爻納支為卯，寅卯同為木，所以說：「乾、臨九二同物。」乾九二爻辭：「見龍在

田」，故一行說：「龍德在田，得地道之和澤，而動於地中。」一行接著說：「升陽憤盈，土氣震發，故曰：『自今至初吉，陽氣初蒸，土膏其動。』」即隨著陽氣之升，土氣震發，即面臨著幼芽破土而出的物候狀況。

臨卦值事亦只六日七分，即轉為候卦小過卦之內卦值事，此時還在立春前三日。小過卦上體（外卦）震而下體（內卦）艮，故小過內卦為艮象。一行說：「陽好節止於內，動作於外，矯而過正，然後返求中焉。是以及於艮維，則山澤通氣，陽精闢戶，甲坼之萌見，而荂穀之際離，故曰『不震不渝，脈其滿眚，谷乃不殖』」。一行此說意指當升卦至臨卦推而大之之時，升陽憤盈，土氣震發，陽氣雖止於內，但動作於外，不免有震卦之象。此為一種因陰氣在外既久，陽氣憤發而產生的矯枉過正之象。矯枉過正，則必返還正常，就又降及於艮維的情況。艮維於八卦為東北維，於四時八節為立春當令。於是此際山澤通氣，陽氣充斥，幼芽破甲而萌見於地表。這就是小過卦的內卦當值時物候與卦象的對應情況。可見一行是將卦和氣融會貫通起來說節氣與物候的對應，從而將卦象與曆法融合起來。

上述用《易》說明天象、物候，從而說明曆法外，並直接將卦氣作為大衍曆的一個項目，即卦候，在推步中稱為步發斂術。

《大衍曆·卦候議》中，首先是說七十二候，然後才將卦氣加以說明。對於七十二候，說：

七十二候，原於周公時訓。《月令》雖頗有增益，然先後之次則同。自後魏始載於曆，乃依《易軌》所

傳，不合經義。今改從古。

《大衍曆》的十篇曆議中的第六議為《卦議》，其說：

十二月卦出於《孟氏章句》，其說《易》本於氣，而後以人事明之。京氏又以卦爻配期之日，坎、離、震、兌，其用事自分至之首，皆得八十分日之七十三。頤、晉、井、大畜，皆五日十四分，餘皆六日七分，止於占災眚與吉凶善敗之事。至於觀陰陽之變，則錯亂而不明。自《乾象曆》以降，皆因京氏。惟《天保曆》依《易通統軌圖》。自入十有二節、五卦、初爻，相次用事，乃上爻而與中氣偕終，非京氏本旨及《七略》所傳。按郎顗所傳，卦皆六日七分，不以初爻相次用事，齊曆謬矣。又京氏減七十三分，為四正之候，其說不經，欲附會《緯》文「七日來復」而已。

一行的敘述主要在於說明以往卦之直日時限有錯。錯在京房有三。

一是京氏將二分二至節令之首日，取$\frac{73}{80}$日作為二分二至的直日。即坎卦值冬至日之$\frac{73}{80}$日，震離兌卦各值春分、夏至、秋分日之$\frac{73}{80}$日（其推求法見前《正光曆》推求卦候術）。

二是將頤、晉、井、大畜四卦定為五日十四分，但是《正光曆》和後來的《興和曆》均沒有這樣說明。

三是以卦入曆止於占災眚吉凶之事，至於觀陰陽之變，則錯亂不明。

錯在《天保曆》者，其依《易通統軌圖》之說：「自入十有二節、五卦、初爻，相次用事，乃上爻而與中氣偕

終」，即每月五卦，從各月節（如四立等）開始。似乎是五個卦的初爻相次用事，然後再五個卦二爻用事，至五個卦上爻用事。上爻用事完，正值本月中氣結束。按後漢郎顗所傳六日七分法，都是每卦曆經六日七分，不是初爻相次用事。因而齊（北齊）曆（即《天保曆》）謬誤。即一行認為齊曆的推法可不予考慮，只要修改京氏法就可以了。

一行認為：「當據孟氏，自冬至初，中孚用事，一月之策，九六、七八，是為三十，而卦以地六，候以天五，五六相乘，消息一變，十有二變而歲復初。坎、震、離、兌，二十四氣，次主一爻，其初則二至二分也。坎以陰包陽，故自北正，微陽動於下，升而未達，極於二月，凝固之氣消，坎運終焉。春分，出於震，始據萬物之元，為主於內，則群陰化而從之，極於南正，而豐大之變窮，震功究焉。離以陽包陰，故自南正，微陰生於地下，積而未章，至於八月，文明之質衰，離運終焉。仲秋陰形於兌，始循萬物之末，為主於內，群陽降而承之，極於北正，而天澤之施窮，兌功究焉。故陽七之靜始於坎，陽九之動始於震，陰八之靜始於離，陰六之動始於兌。故四象之變，皆兼六爻，而中節之應備矣。《易》爻當日，十有二中直全卦之初；十有二節，直全卦之中。」一行完全恢復西漢時代孟京卦氣，而否定了《正光曆》等的時間安排。

即坎離震兌四正卦主二十四氣，每爻當一氣，其初爻各主二分二至，即坎初爻主冬至，震初爻主春分，離初爻主夏至，兌初爻主秋分，但不具體直日。其餘 60 卦均直日。一年從冬至起，而卦氣起中孚，即中孚卦初爻當冬至日。一行

之強調四正卦主一年二十四氣，是根據《易·繫辭》所說：「天地變化，聖人效之；天垂象，見吉凶，聖人象之。河出圖，洛出書，聖人則之。《易》有四象，所以示也。」這裡的《易》有四象，即老少陰陽。它與天所垂的各種星辰之象、天體運行之象並不一樣，但卻有內在的深層關聯。因而《易》的四象是向人示以天地宇宙間一切的基本變化。因而他說：「陽七之靜始於坎，陽九之動始於震，陰八之靜始於離，陰六之動始於兌。」即是前面第二章第二節講到的魏相《易》學。

最後他指出《易》爻當日的規則：每月中氣與公卦的初爻相配；而每月節氣與候卦的中間之爻相配。這樣，一行的《大衍曆》關於卦候與曆的對應又回到卦氣說的原來狀態。

一行將推步卦氣和七十二候之術稱為「發斂術」，據其《曆本議》中說：「五行用事，曰發斂。候策曰天中，卦策曰地中，半卦曰貞悔。」《大衍曆》的具體推步卦候如下：

天中之策五，餘二百二十一，秒三十一，秒法七十二。

地中之策六，餘二百六十五，秒八十六，秒法一百二十。

貞悔之策三，餘一百三十二，秒一百三。

辰法七百六十。

刻法三百四十。

各因中節命之，得初候，加天中之策，得次候，又加，得末候。因中氣命之，得公卦用事。以地中之策累加之，得次卦。若以貞悔之策加候卦，得十有二節之初

外卦用事。因四立命之，得春木、夏火、秋金、冬水用
事。以貞悔之策減季月中氣，得土王用事。（凡相加減
而秒母不齊，當令母互乘子，乃加減之；母相乘為
法。）

這裡天中之策乃是說七十二候，每候五日有餘；地中之
策是說卦氣，即六日七分。其推求法，還要引大衍曆一個數
據，即前面所說的通法，亦即日法 3040。

求天中之策時，先將 31 秒按秒法化成餘位。由 31 秒除
以秒法 72 化得 0.4306（$\frac{31}{72} = 0.4306$）為餘分（即小餘）零
數，將此數加於小餘 221，得 221.4306，

將此按通法化之，得：221.4306／3040 = 0.0728

將此餘分加於策數 5，得 5.0728 日，

即得一候的日數。

「因中節命之，得初候」，即因每一氣三候，故從節氣
開始三候，又從中氣開始三候，「加天中之策得次候，又加
得末候。」即從交節氣起初候，進中候加 5.0728 日，進末候
再加 5.0728 日，然後就是中氣三候。即從交中氣日得初候，
進中候加 5.0728 日，進末候再加 5.0728 日。然後就是下月節
氣三候。

求地中之策，亦先將餘分之 68 秒化為餘（相當於《正
光曆》之小餘）：$\frac{86}{120} = 0.7167$

將此加於餘數得：265 + 0.7167 = 265.7167

將此化為策之零數；265.7167／3040 = 0.0874

將此加於地中之策得：6.0874 日（此即一卦之日數）

若與四分曆六日七分比較：7／80 = 0.0875

故四分曆一卦得：6.0875 日。

兩者相差：

6.0875 − 6.0874 ＝ 0.0001 日。

這是由於歲實減少的緣故。

因「中氣命之得公卦用事」的意思是：交中氣之日公卦初爻用事。

「以地中之策累加之，得次卦」，意為公卦之後得辟卦，又歷 6.0874 日。

「若以貞悔之策加侯卦，得十有二節之初外卦用事」，侯卦內卦為貞外卦為悔，以貞策加辟卦後，得下月節用事之爻即侯卦四爻。

四立為節氣，立春為小過外卦用事，立夏為旅卦外卦用事，立秋為恆卦外卦用事，立冬為艮卦外卦用事，按五行配季節：春木、夏火、秋金、冬水，所以春木從小過外卦用事日開始，夏火從旅卦外卦始，秋金從恆卦外卦始，冬水是艮卦外卦始。

以貞悔之策（即地中之策之半）減季月中氣，得土王用事，季月謂辰未戌丑之月，即夏正之三月、六月、九月、十二月。推貞悔之算法如下：

以 $\frac{103}{120} = 0.8583$

加上 132 得 132.8583。　　$\frac{132.8583}{3040} = 0.0437$

故貞悔之算得 3.0437 日（即貞悔之餘）。

由此可知，每月中氣前 3.0437 日為土王用事。具體言之、即穀雨、大暑、霜降、大寒前三日餘為土王用事，歷此三日及該中氣結束為土王用事日。

經一行校正之後，大衍曆的推步發斂的這項內容就成為定式，以後各曆都有步發斂術，特別五行用事日（如土王用事）各曆都視為必定項目。直到元郭守敬創授時曆，始將此項內容刪去。而卦氣學說由於進入曆志中，也就被保留下來。郭守敬授時曆雖刪去步發斂術，但在行用曆本中，有些卦氣說的內容還以曆注形式保留下來。

【註　釋】

❶　朱文鑫：《曆法通志》，商務印書館，1934 年 10 月，第一版。

❷　陳遵媯：《中國天文學史》，第三冊，上海人民出版社，1984 年 11 月，第一版。

第五章
《周易》和古代宇宙論

　　前面兩章就《周易》與曆法的相互關係進行了一些討論，已可看出古代人們視《周易》與曆法之間有某種深層的內在關聯。他們或者試圖根據《周易》的框架，設計出一種曆法系統；或者將已有的曆法系統，進行《周易》的解釋。或許正是由於《易》與曆的密切關係，才使得《周易》在人類生活和生產的各個方面，都感到《周易》的存在和感覺到它的作用。

　　本章繼續敘述《周易》與天地宇宙的關係。進一步討論《周易》在關於宇宙天地的演化和結構的論述中，《周易》對中國古代人們思想的影響。並在這些討論的過程中，展現具有《周易》特色的中國古代宇宙觀念。

一、中國古代宇宙論

　　《易繫辭》說：「天垂象，見吉凶，聖人象之。」說明古人對於「天」的情況，是從觀測天象中了解的。但從共同的觀測天象中，對於「天」的構造卻有各自不同的見解。《晉書・天文志》說：「古言天者有三家，一曰蓋天，二曰宣夜，三曰渾天。西漢靈帝（168－189）時，蔡邕於朔方上書，言：宣夜之學絕，無師法。《周髀》術數具存，考驗天

圖 5-1 　蓋天說所示天地宇宙形象

狀，多所違失。惟渾天近得其情，今史官候臺所用銅儀，則
其法也。」即是東漢末蔡邕認為言天者主要就是蓋天、宣
夜、渾天三家。當然以後還有一些「言天者」對宇宙天地的
結構作出新的理論，但是，沒有產生什麼影響，可能在本節
後面要稍稍提及。一般討論古代中國宇宙結構的學說，還是
從蓋天（即《周髀》）、渾天和宣夜三家著手，以下對這言
天三家，做一個概括性的介紹。

（一）蓋天說大要

　　系統介紹這種蓋天學說的主要還是《周髀算經》。但是
《晉書·天文志》對蓋天說的介紹比較簡明。晉志的敘述使
人們覺得似乎有兩種相差不太大，但畢竟不盡相同的蓋天
說。

　　一種蓋天說被稱為「周髀家」云：

　　　　天圓如張蓋，地方如棋局。天旁轉如推磨而左行，

日月右行，隨天左轉，故日月實東行，而天牽之以西沒。譬之於蟻行磨石之上，磨左旋而蟻右去，磨疾而蟻遲，故不得不隨磨以左回焉。天形南高而北下，日出高，故見；日入下，故不見。天之居如倚蓋，故極在人北，是其證也。極在天之中，而今在人北，所以知天之形如倚蓋也。日朝出陽中，暮入陰中，陰氣暗冥，故沒不見也。夏時陽氣多，陰氣少，陽氣光明，與日同輝，故日出即見，無蔽之者，故夏日長也。冬天陰氣多，陽氣少，陰氣暗冥，掩日之光，雖出猶隱不見，故冬日短也。（晉書・天文志・天體）

這裡所介紹的蓋天說，首先認為宇宙天地的構形是天圓地方。第二是說，天如同一個磨盤，被推著左轉（即順時針向），但太陽、月亮卻是右行，它們在整個天空的背景下，卻隨天而左轉。太陽和月亮在天這個大背景中，猶如螞蟻在左轉的磨上右行。第三，天之形狀是南面高而北面低，極在天之中，但在人的北面，因此，天如倚蓋。第四，晝夜之變化是因為太陽早上從陽中出，而夜晚入於陰中。因為陰氣暗

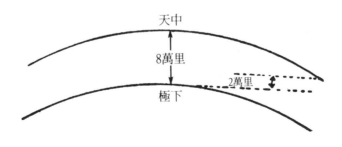

圖 5-2 蓋天說示意圖

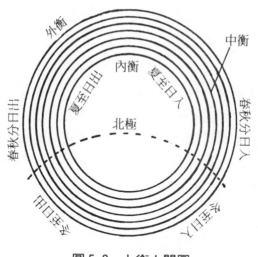

圖 5-3　七衡六間圖

冥，所以夜晚看不見太陽。第五，四季之變化，因為夏季陽氣多，陰氣少，所以，太陽在天上可見時間長。而冬季則相反，陰氣多而陽氣少。陰氣暗冥，掩日之光，因而雖在天上也不易看見，所以，冬季太陽在天上可見時間短。

　　但是還有另一種蓋天說。《晉書・天文志・天體》又說：

　　　　蔡邕所謂《周髀》者，即蓋天之說也，其本包犧氏立周天曆度，其所傳則周公受於殷商。周人志之，故曰《周髀》。髀，股也，股者，表也。其言天似蓋笠，地法覆盤，天地各中高外下。北極之下為天地之中，其地最高，而滂沱四隤，三光隱映，以為晝夜。天中高於外衡冬至日之所在六萬里，北極下地高於外衡於地亦六萬里，外衡高於北極下地二萬里。天地隆高相從，日去地

恆八萬里。日麗天而平轉，分冬夏之間日所行道為七衡六間。每衡周徑里數，各依算術，用句股重差，推軌影極游，以為遠近之數，皆得於表股者也。故曰《周髀》。

這段話所述也有五點。

第一，天地的構形是：天好像一個蓋著的笠，笠是用竹篾編成的遮陽擋雨的硬體帽子，即斗笠之類。地好像是一個覆扣著的盤子。

第二，關於天地的關係，天地都是中央高而外邊低。北極的下面為天地之中，為地的最高處。

第三，太陽附著在像蓋笠的天上而平轉，一年四季所行軌道不同，其軌道即所謂七衡。

第四，前面第一種蓋天說強調日出於陽中或陰中。但這裡沒有講到日出於陰中陽中。但根據《周髀算經》對晝夜變化的解釋，其說為：「日運行處極北，北方日中，南方夜半；日在極東，東方日中，西方夜半；日在極南，南方日中，北方夜半；日在極西，西方日中，東方夜半。凡此四方者，天地四極四和。晝夜易處，加時相反。然其陰陽所終，冬夏所極，皆若一也。」由於《周髀算經》說：「人所望見，遠近宜如日光所照。」即認為太陽光照的範圍，與人極目所能見的範圍相同。所以，太陽光照的範圍有限，按《周髀算經》給出的日照射範圍是「日照四旁各十六萬七千里」即一個半徑是 167000 里的圓面。因而有當太陽在極北處運行時，北方日中，而南方夜半，即因南方照射不到日光。這個說法與其說：「日麗天而平轉」的運行方式是一致的。但

《周髀算經》在這一點上最後還是要提一下「陰陽所終，冬夏所極，皆若一也。」不過雖同是用陰陽為說，但層次卻不一樣。

還有第五點，就是對四季變化的解釋，不是僅僅簡單地從陰陽之氣的多少變化來說，而是從太陽在冬季和夏季運行的軌道不同來說明陰陽的變化，從而說明季節的變化。

這裡第一個要補充說明的是關於太陽運行的軌道。《周髀算經》說：「凡為日月運行之圓周，七衡周而六間，以當六月節。」這就是「七衡六間」。七衡是七條太陽在不同月份的視運行軌道。所以「七衡」看起來是七個同心圓。相鄰兩圓間有一道間隔，故有六間。這七個同心圓最內的一個圓稱為「極內衡」，而最外的一個圓稱做「極外衡」。極內衡是夏至時太陽的運行軌道；極外衡是冬至時太陽的運行軌道。《周髀算經》給出的極內衡的直徑為 23800 里，而極外衡的直徑是 47600 里。這兩者的差值恰好是內衡的直徑，即外衡直徑為內衡直徑的一倍。因而可以據此求得這七衡各衡間的平均距離。而《周髀算經》正是取這個平均距離為兩衡間的寬度。這可以簡單算出：

$23800 / 6 = 3966\frac{2}{3}$

即每相鄰兩衡間為 $3966\frac{2}{3}$ 里。由夏至的極內衡日道起算，第二衡就是大暑（六月中氣）時的日道，第三衡就是處暑（七月中氣）時的日道，如此推求到最外衡，就是冬至（十一月中氣）時的日道。也可以反過來推，即從冬至日道的最外衡起算，第二衡就是大寒（十二月中氣）時的日道，第三衡就是雨水（正月中氣）時日道等等，一直推到最內衡

的夏至日道，可列一表：

表5-1　各中氣在七衡的分布表

大暑 （第二衡）	處暑 （第三衡）	秋分 （第四衡） 中衡	霜降 （第五衡）	小雪 （第六衡）
夏至 （極內衡）				冬至 （極內衡）
小滿 （第六衡）	穀雨 （第五衡）	春分 （第四衡） 中衡	雨水 （第三衡）	大寒 （第二衡）

　　從上面的計算可以得知，從內衡到第二衡間的距離是
$3966\frac{2}{3}$ 里，則其直徑為 $27766\frac{2}{3}$ 里。其中要特別提出的是
「中衡」，中衡就是春分和秋分時的日道，是從夏至起算的
第四衡，也是從冬至起算的第四衡，故稱之為中衡。中衡的
直徑是 $23800 + 3966\frac{2}{3} \times 3 = 35700$ 里。七衡六間是《周髀
算經》用來描述各月太陽每日繞地運行的幾何圖形。若稍作
推算，則外衡周長為內衡周長的二倍（按古人「周三徑一」
的法則推算，極外衡周長 1428000 里，極內衡周長 714000
里），因而冬至日太陽運行的速度是夏至日太陽運行速度的
二倍。

　　確實，眾所周知，地球繞太陽公轉是在一個橢圓軌道
上，由於太陽居地球公轉軌道的一個焦點上，所以由於開普
勒第二定律，地球在軌道上運轉的速度是有變化的。只是沒
有《周髀算經》給出的變化那麼大，而且地球在軌道上運行

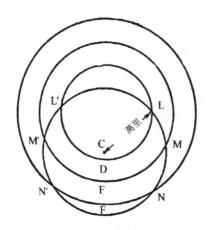

圖5-4 蓋天說關於晝夜變化示意圖

（圖中 C 為觀測者。以 C 點為圓心，167000 里為半徑，作圓交
內衡於 L、L'點，交中衡於 M、M'點，交外衡於 N、N'點。在夏
至日太陽沿內衡走一圈，當太陽走到 L 點時，人目即可見太
陽，是為日出。CL 就是日出的方向，圖中為東北方。CL'就是
日沒的方向，圖中為西北方。春秋分時，太陽在中衡走一圈，
太陽走到 M 點時，就是二分日日出，M'點為二分日日沒處。而
冬至日太陽走外衡。N 點為冬至日出，N'點為冬至日沒。）

速度較大的時間是在冬至點附近，而不是在夏至點附近。

　　第二個要補充說明的是「日照四旁各十六萬七千里，人
所望見遠近宜如日光所照。」據學者們研究，認為這是蓋天
家構建蓋天模型時引進的一個「基礎數值」，就是在引入的
這個基本數值上，建構出晝夜現象的解釋，計算晝夜長短的
變化，計算太陽軌道的變易，建構了日照原理。因而它是蓋
天說的基礎性數據。

　　第三個要補充說明的是：《周髀算經》建立在立竿見影
的觀測基礎之上，即以圭表觀測太陽影長為主。而其建構的

宇宙天地模式是七衡六間。外衡為冬至日道，中衡為春分、秋分日道，內衡為夏至日道。《周髀算經》又說到「日夏至在東井（井宿），極內衡；日冬至在牽牛（牛宿）極外衡；日春分在婁（宿），秋分在角（宿）。」即是冬至時太陽在牛宿的極外衡，夏至時太陽在井宿的極內衡，春分太陽在婁宿，在中衡，秋分時太陽在角宿，亦在中衡。這四宿距北極的度數，據錢寶琮推算❶是：

冬至日道距北極：115. 867 度，化成現代度數當為

$$115. 867 \times \frac{360}{3365.25} = 115. 867 \times 0. 9856$$
$$= 114°11'55''$$

夏至日道距北極：66. 758 度，化為現在度數是

65°47'48''

春分、秋分日道距北極：91. 3125 度，化為現在度數應是 90°。

這些數據與其準確的數值相差，都在半度以內，應是相當準確的。

（二）渾天說大要

當蓋天說盛行之時，古代的另一個關於宇宙結構的學說——渾天說也在發展著。渾天說在西漢以後，逐漸發展成為中國古代天文學中居統治地位的宇宙學說。

東漢著名學者張衡撰《靈憲》，造水運渾象並作注，倡導渾天說。渾天說的宇宙結構是一個渾圓的天球，像一個雞蛋。古人稱此為「天體」，即是天的形體為渾圓。張衡在其所著《渾儀注》中說：「渾天如雞子，天體圓如彈丸，地如

雞子中黃，孤居於內，天大而地小也。天表裡有水。天之包地，猶殼之裹黃。天地各乘氣而立，載水而浮。周天 $365\frac{1}{4}$ 度，又中分之，則 $182\frac{5}{8}$ 度覆地上，$182\frac{5}{8}$ 度繞地下（御覽作「日月星辰繞地下」），故二十八宿半見半隱。」由於天球旋繞運轉，因而繞天一周排布（大致主要是沿黃道分布）的二十八宿，就必然是半見半隱。這也是渾天說的觀測依據。

由於強調天體（不是指日月星辰等在天上之物體，而是天球概念）旋繞運轉，因而突出了天體運轉的轉軸，由之突出了天極的概念。由天極而進一步就可定出天體（天球）上的各種點和圈。

由於天球旋繞運轉，必有旋繞運轉之軸，這個天球旋轉軸與天球的交點就是南北兩天極，通常人們只說觀測到的天北極，而不大提天南極，因為天南極恆在地平之下，人們看不見，因而提到天極都是指天北極。天極是天球旋轉運動的標誌點。而眾所周知，天球的旋繞運轉是地球自轉的反映，所以，天球的極正是地球的極在天球上的投影。或者說是地球自轉軸無限延伸與天球的交點。

由於極可以立即得到天球赤道的概念，天球赤道是天球上的一個大圓，它垂直與天球極軸。所謂大圓，就是以天球中心為圓心在天球上做的圓。所以天赤道的圓心與天球的球心同一。以天球的球心為圓心，可以做出無數個大圓。但天赤道是垂直於極軸的大圓。天極與赤道組成一個坐標系統，叫做赤道坐標系。不過，渾天說不直接採用赤道坐標系，即不直接用赤道坐標系的兩個坐標量：赤經和赤緯。

赤經是以春分點為起點，沿赤道順時針（左旋）方向計

圖5-5　渾天說所示宇宙形象

量，從 0 度到 360 度。

　　赤緯是以赤道為起點，向天極方向，沿赤經圈（垂直於赤道的諸大圓）計量。

　　與赤經圈相應也有赤緯圈，是平行於天赤道的圈，因為它們不通過天球中心，即其圓心不是天球球心，因而只是些小圓。同一赤緯圈上每一點的赤緯相同。渾天說雖不採用赤經和赤緯，而採用與之在意義上完全相同的兩個座標量，即入宿度和去極度。入宿度相當於赤經，但不是從春分點起始計量。它是首先看所測天體居於二十八宿中的哪一宿，如果確知在某一宿，再從這一宿標誌星（稱為距星）起，逆時針方向計量所測天體與標誌星相距的度數。去極度與赤緯對應，是從天極開始，沿赤經圈往赤道方向計量，但並不是到赤道為止，可以量至赤道以南。即去極度是從北天極一直計量到南天極。去極度對於在赤道上及赤道以北的星體而言是赤緯的餘角，可以看出入宿度與去極度在本質上和赤經、赤

緯的意義相同。

渾天說在本質上是赤道坐標系，這是傳統中國天文學的特色。但在前面已經提到二十八宿系統基本是沿黃道分布的，因而用入宿度來代表赤經時，就要將所測量的星體和二十八宿距星都要投影到赤道上。古代似乎是看星體和距星在天極的夾角來確定入宿度。

天球上除天極之外，還有一個重要的點就是天頂。天頂實際上是觀測者的頭頂無限向上延伸，與天球的交點。同樣，向下無限延伸，與天球的交點，就叫天底，因而天頂是一個與觀測者相關的點。

同建立赤道一樣，由天頂可以定義出一個大圓，就是地平圈，地平圈與觀測者聯接天頂和天底的軸的線相垂直。在直觀上，古人認為大地是平展的，所以稱為地平面，地平面無限延伸與天球相交的圈，就是地平圈。

由天頂和地平圈也可以組成一個坐標系，叫做地平坐標系。但這樣的坐標系要加上另一個圈，即「子午圈」才顯得完整。同赤道坐標系一樣，與地平圈垂直的諸大圓稱為地平經圈，與地平圈平行的圈（小圓）就是地平緯圈。

地平經圈中有一個大圓，既通過天極又通過天頂，這個大圓就叫做子午圈。

子午圈與地平圈相互垂直，因它又是一個赤經圈，與赤道也相互垂直。它通過觀測者的頭頂，因而它既與觀測者相關，又與「天」直接相關。

地平圈與子午圈相交的兩點，靠近天極的稱為北點，遠離天極的稱為南點。這就是南北兩方位點。

還有一個也是地平經圈諸大圓之一，它既與地平圈垂直，同時又與子午圈相互垂直，這叫做「卯酉圈」。

卯酉圈與地平圈相交的兩點是東方點和西方點。因而子午圈和卯酉圈同時與地平圈相交的四個交點就是四方點。子午圈與卯酉圈的不同之處，在於子午圈同時是赤經圈，但卯酉圈不是一個赤經圈，因為它不通過天極，它只是一個地平經圈。儘管它是與子午圈相互正交的一個特殊的地平經圈。量度天體的地平高度（即地平緯度）是從地平量至星體（沿地平經圈），稱為該星體的地平高度。但也可以從天頂起沿地平經圈量到星體，這稱為天體的天頂距，兩者意義一樣。關於地平經度，即相應於赤道坐標的赤經，在地平坐標系稱為方位角，通常是根據十二次方位或十二支方位來說明。如果星體在玄枵之次稱為在子位等等。

在渾天說的赤道式系統中，主要是用這兩種坐標系。但有時要做黃道系與赤道系的換算，要有黃道坐標的觀念，但這對於本書主題聯繫不大。對於渾天說的概況即說到這裡。

（三）宣夜說及其他各種宇宙的觀念

《晉書・天文志》對宣夜說做了最簡略的介紹，說：

> 宣夜之書亡，惟漢秘書郎郗萌記先師相傳云：「天了無質，仰而瞻之，高遠無極，眼瞀精絕，故蒼蒼然也。譬之旁望遠道之黃山而皆青，俯察千仞之深谷而窈黑，夫青非真色，而黑非有體也。日月眾星，自然浮生虛空之中，其行其止皆須氣焉。是以七曜或逝或住，或順或逆，伏見無常，進退不同，由乎無所根繫，故各異

也。故辰極常居其所，而北斗不與眾星西沒也。攝提、填星皆東行，日行一度，月行十三度，遲疾任情，其無所繫著可知矣，若綴附天體，不得爾也。」

宣夜說的主要意思是天既不是一個蛋殼，也不是一個蒼穹或圓面，而是沒有質地的空間，但這個空間中可能充滿了氣，因為「日月眾星，自然浮生虛空之中，其行止皆須氣焉。」即天上的日月眾星，自然地在這個虛空中生成，並漂浮在虛空之中，因而星體之行止賴虛空中大氣的作用。但氣的作用或氣的運動不是任意的，而是有一定的規則的。這種規則表現在：

（1）辰極常居其所，即天極部分恆定不動，而靠近天極的北斗星不與眾星參與東升西沒。

（2）攝提（木星）、填星（土星）皆東行，即與周天恆星東升西沒的運行方面相反。

（3）太陽每天行一度，而月亮每天行十三度。

（4）行星有順逆運行和隱伏不見，進退不一的運行方式。這些都與普天下之間存在的氣有關。因而天體運行之「遲疾任情」，並不是星體的「任情」，而是其運行所依賴的氣的「任情」。因而導致對存在於宇宙間「氣」的探索。可見宣夜說也注意觀測的事實，在其體系中也是注意不與觀測事實違背。大約宣夜說提供了一種新的可以用陰陽觀點來進一步推步的方法，這在以後還要再討論到。

在《晉書‧天文志》中還討論到其它有關宇宙觀點的幾個學說。就是虞喜的《安天論》，虞聳的《穹天論》和姚信的《昕天論》。

虞喜是東晉時會稽餘姚人，他「專心經傳，兼覽讖緯，乃著《安天論》以難渾、蓋」。（《晉書・儒林傳》）所以《晉書・天文志》認為他是「因宣夜之說作《安天論》」。所介紹的安天說為：

> 天高窮於無窮，地深測於不測。天確乎在上，有常安之形；地塊焉在下，有居靜之體。當相覆冒，方則俱方，圓則俱圓，無方圓不同之義也。其光曜布列，各自運行，猶江海之有潮汐，萬品之有行藏也。

　　前面在敘述宣夜說時，確實沒有說到天地的形狀和位置，安天說似乎覺得不完備，因而將蓋渾二說關於天地的情況與宣夜說揉合起來。但其強調的天地情狀是，天在上而地在下，天常安而地體靜，似乎天體和地體都是靜止的。天高無窮，地深不測。因此宇宙就是天和地，人和地面的萬物處於天和地的分界面上。至於天上的星辰，則各自運行，如同江海之有潮汐，到時候就會漲落，猶如說星體到一定時候就會有大幅度的運行變動。天是圓形的，地也是圓形的，沒有天圓而地方的說法。

　　從宇宙論的觀點看來，安天說描述的天體及日月星辰的運行不符合實際觀察的情況，它不僅否定了蓋天說和渾天說，甚至也篡改了宣夜說。

　　從蓋天說看來，天地的基本建構變成兩個無窮大的集團，上面的「氣」團，和下面的地的大塊。

　　從渾天說看來，《晉書・天文志》引葛洪的話說：「敬辰宿不麗於天，天為不用，便可言無，何必復云有之而動乎？」從宣夜說看來，雖說天上的星體「無所系著，遲疾任

情」，但自有其規律，並不如同江海之潮汐。上天充滿的大氣，也是運動不息的。因而安天說只有天地「方則俱方，圓則俱圓，無方圓不同之義」是一種頗有見地的說法。

虞聳是虞喜的族祖，他的《穹天論》則主要從渾天說出發因宣夜說而作。其說為：「天形穹隆如雞子，幕其際，周接四海之表，浮於元氣之上。譬如覆盂以抑水而不沒者，氣充其中故也。日繞辰極，沒西而還東，不出入地中。天之有極，猶蓋之有斗也。」他將渾天說的天，強調其形狀「穹隆如雞子」。特別指出穹隆，即是視蓋天說之天形與渾天說為同樣。

但天這個穹隆形的蛋殼，四周與大海相接，卻有充滿內中的元氣將其浮著。譬如將盒子覆在水上而不下沉，就因盒子內充滿了氣。太陽繞著天極運轉，在西邊沒落後又回到東方，但不是出入地中。天之有極，如同蓋上的小鈕。可見其重點還是強調天地中充滿了元氣。

姚信可能比兩位虞姓學者的宇宙學說更早一些。他是吳國的太常。他的《昕天論》說：

> 人為靈蟲，形最似天，今人頤前移臨胸，而項不能覆背。近取諸身，故知天之體南低入地，北則偏高。又冬至極低，而天運近南。故日去人遠，而斗去人近，北天氣至，故冰寒也。夏至起，而天運近北，故斗去人遠，日去人近，南天氣至，故蒸熱也。極之高時，日行地中淺，故夜短。天去地高，故晝長也。極之低時，日行地中深，故夜長，天去地下，故晝短也。

姚信也是在對宣夜說加以發揮。他認為人低頭可以使腮

幫子抵到前胸，但是把頭往後靠，卻不可能抵到背部，所以反映了人象天，天之體（不是星辰等天上的物體）在南方低入地下，而北方則天偏高。冬至時天極變低，天的運行至南方，所以日與人遠，而極與人近，北天之氣至，所以寒冷。而夏天時天極升起，而天運近北，因而極與人相去較遠，日與人近，南天氣至，所以夏季熱。同樣，夏季極與人相去較遠，天高，而太陽入地較淺，所以夜短晝長；而冬季極與人靠近，太陽入地較下，所以夜長晝短。這一說法大概受《黃帝內經》等的影響，因而認為人與天相應。

以上三種關於宇宙結構的說法，實是在企圖對宣夜說做進一步充實，但由於晉志引錄有限，其說只能視為「好奇徇異之說，非極數談天者也。」

二、《周易》和蓋天說

蓋天說可能發源於遠古牧民們對天的直觀感覺。在古代廣闊無垠的草原上，人們直接觀測到的天空，像一個覆蓋著的穹隆形的幕。因而古代人們稱天為「穹蒼」或者「蒼穹」。至少在西周時代，人們對天就這樣稱呼，《詩經·大雅·桑柔》就說：「以念穹蒼」。後世人們追溯蓋天說產生的時代，往往認為是在殷周之際。

而《易·繫辭》說：「《易》之興也，其當殷之末世，周之盛德邪，當文王與紂之事邪。」雖然這可能只是一種推測，然而由此推測蓋天說和《周易》就產生於同一時代。《晉書·天文志》做了兩者的進一步關聯，說：「蓋天之

說，即周髀是也。其本包犧氏立周天曆度。其所傳則周公受於殷商，周人志之，故曰周髀。」即認為《周髀》也由首先作八卦的包犧氏所創。

《周髀算經》的最後一段說到古代四分曆法，就說：「古者包犧、神農製作為曆度元之始，見三光未和其則，日、月、列星未有分度。」大概就是晉志所說的「包犧氏立周天立度」的意思。《易・繫辭》顯然認為是如此，因而說：「古者包犧氏之王天下也，仰則觀象於天，俯則觀法於地，觀鳥獸之文與地之宜，近取諸身，遠取諸物，於是始作八卦。」即是說包犧氏觀象於天時，可能為了制曆，而對日月星辰進行了行度的觀測和作了全天的度數標準，即 365 $\frac{1}{4}$ 度。從而制定了最早的古四分曆。這未必是歷史的真實，但《易》學家和《周髀》家都這樣說，即他們都認為蓋天說和《周易》的卦是同一個包犧創作。

在第二章裡，曾經說到《易傳》關於宇宙結構的觀點，基本上是蓋天說的類型。蓋天說類型的本質，無論是「周髀家說」或《周髀算經》之言，都是天在上而地在下。《易・繫辭》劈頭就說：「天尊地卑，乾坤定矣」，就是肯定地認為天在上而地在下。這是宇宙天地的根本格局。人和一切形類之物體都在天地之間，由天覆蓋著，由地負載著。生活在地表面的人類，這些對天的觀測者們，看到他們頭頂上並下垂於四野的穹隆形的天幕，所以，稱呼天為穹蒼或蒼穹。

南北朝（約當公元 6 世紀）時，鮮卑族歌手斛律金，創作了一首著名的民歌，歌詞是：「敕勒川，陰山下，天似穹廬，籠蓋四野，天蒼蒼，野芒芒，風吹草低見牛羊。」這首

民歌生動地說明了古代牧民感覺到的天，是籠蓋四野的「穹廬」。這正是蓋天說賴以建立的直觀形象。

《易傳》似乎也是這樣看待天地的結構。《易‧繫辭》說「上古穴居而野處，後世聖人易之以宮室。上棟下宇，以待風雨。蓋取諸大壯。」這句話至少說明了兩點：

一是說明上古人民還沒有宮室之前，只是穴居野處，可能較多的時間是「野處」，因而他們對天地的感覺比較直接，也容易產生關於天是什麼的想像；

二是說明由於對天地的長期觀察，而產生了模擬天象，創建宮室，以避風雨。由於古人經常直接感知天地，將天地視為穹廬，除了仿此建造宮式，也依此建立了蓋天說的宇宙結構觀念。《釋名‧釋宮室》說：「宮，穹也，屋見於垣上。穹隆然也。」而大壯卦的卦象是上體震而下體乾。上體震為雷為雨，下體乾為天。意思是在穹隆似的天幕上面，正雷雨交加。由於這一穹隆似的天幕，擋住了雷雨，使人們得以安居，這就是由大壯卦啟發而得到宮室的創造。當《易‧繫辭》這樣理解大壯卦時，實際上就是體現了蓋天說類型的宇宙結構觀念。

從天在上和地在下的本質結構中，要進一步論述的是天地結構中的形狀關係。以「蒼穹」來表示天，突出的是天的圓形，即天是一個圓面，周髀之說也認為是圓形，即所謂：「天圓如張蓋」，《周髀算經》認為「天似蓋笠」，笠也是圓形。大壯卦的下體乾，解為穹隆形的天幕，亦認為天是圓形，因而天圓當不成問題，但地方卻有爭議。因為周髀家之說確然認為地方，說：「地方如棋局」。但《周髀算經》卻

說「地法覆盤」，盤當是圓形，不是方形，因而英國研究中國科學史的專家李約瑟認為蓋天說是古代巴比倫曾有過的「雙重穹隆說」，如果看作是雙重穹隆，那麼，蓋天說的天和地應該都是圓形的。

《易傳》是否認為地方，實在比較難說，《易·文言》對於坤卦說：「坤至柔而動剛，至靜而德方」。坤在《易》卦中代表地，坤有柔順和至靜兩種特性，坤之靜，認為是地體靜，但靜不是方，而且這裡說的也不是地的形體為方，而說的「德方」。《易·說卦》說到：「坤為地，為母，為布等等，也沒有說到地為方，只有《周易本義》引荀爽《九家易集解》說坤，還「為牝，為迷，為方……」所以說地方或許是有根據的，但不明確。因為並不能肯定《九家易集解》指的是方形的大地。

前一節還引過虞喜的《安天論》，其論天體形狀結構說天地「當相覆冒，方則俱方，圓則俱圓，無方圓不同之義也。」冒是包括、包容的意思，天地互相包括，所以他不認為天圓地方，認為天圓地亦圓，地方天亦方。從這裡可以看出蓋天說的最共認的本質，就只是天在上而地在下，就是「天尊地卑」。

《易·繫辭》往往從日月兩者運行的情況來說明其陰陽觀點，如說：「天地之道，貞觀者也。日月之道，貞明者也。」如說：「日往則月來，月往則日來，日月相推而明生焉。寒往則暑來，暑往則寒來，寒暑相推而歲成焉。」如說：「剛柔者，晝夜之象也。」如說：「通乎晝夜之道而知。」這些都是《易·繫辭》所概括的「一陰一陽之謂道」

的根本內容。

這些內容可以分為兩個部分。第一部分是太陽的周日運動，即以晝夜現象為主的陰陽變化；第二部分是太陽的周年視運動，即以寒暑現象為主的陰陽變化。

一般說周日運動是比較容易掌握的，無非是日出日沒，晝夜交替，如果再考慮一個月亮，那麼就是「日往則月來，月往則日來，日月相推而明生焉」和「日月之道，貞明者也。」將晝夜分清楚，太陽白天出來，月亮晚上才見，不需要什麼學問就可明瞭。

但是《易·繫辭》強調「剛柔者，晝夜之象也」，「通乎晝夜之道而知」，這裡的「知」作智慧的智。剛柔，《易》之陽爻為剛，象晝，陰爻為柔，象夜。剛柔相推，也象徵著晝夜交替，這是純從《易》的觀念來說。因此剛柔的變化交遞與晝夜的交替變化有著本質的一致，這樣說通乎晝夜之道而知，即強調晝夜的變化與剛柔，陰陽的變化相關聯，因而懂得晝夜變化的深層的道理，當然是智慧的表現。但是陰陽、剛柔這些雖是一些純概念，但也有其觀測基礎。這個觀測基礎就是蓋天說關於晝夜變化的描述。

前一節講了蓋天說的太陽周日運行，是建立在一個公設的基礎上，即日光照見 167000 里，即是說，人們所能看見的天象，都在觀測者的 167000 里之內。若在 167000 里以外，就看不見了。由於這個 167000 里並非固定不變，太陽有四游，即在其運行中游於東極、南極、西極、北極。

前節已說了如果太陽運行到極北，那麼，北方太陽正當頭，而南方卻處於夜半。其它方位也是如此。例如，太陽處

於極東方位，那麼西方就是夜半，因而晝夜之道，反映了太陽的四方運行。

但更為重要的是太陽並不是在一個固定的軌道上進行四極的運行，而是每個月換一個軌道，這共有七條（七衡），因為太陽在十二個月中在這七條軌道中來回換易。因而每個月的晝夜都是有差異的。晝夜之道就不那麼簡單了。

更進一步，晝夜的變化是與寒暑的變化緊密相連的。正由於有著寒來暑往、暑來寒往而成歲的陰陽變化，即實質上只是太陽周年視運動的變化，而造成晝夜長短不同的變化。科學地說，太陽周年視運動，本質上是地球繞太陽公轉的反映。由於地球自身在宇宙空間的位置，即地球繞日公轉的軌道平面（黃道平面）與地球自轉的赤道平面這兩個大圓相交成 $23°27'$ 的交角，即是地球自轉軸與黃道面成 $66°33'$ 的交角（$90° - 23°27'$），因而可以用太陽與天極的角距離來描述太陽的運行。地球繞太陽公轉，但在地球上的觀測者看起來是太陽在黃道上運行，每天只走一度。於是太陽有時就走得靠近北天極，有時走得靠近南天極，黃道上最靠近北天極的那一點稱為夏至點，最靠近南天極的那一點（即最遠離北天極的那一點）稱為冬至點，黃道與赤道兩大圓也有兩個交點，一個是春分點，一個是秋分點。

太陽在黃道上運行，如從冬至點起算（這時太陽離北極最遠，其角距離為 $90° + 23°27' = 113°27'$。離南天極最近，其角距離為 $90° - 23°27' = 66°33'$，因而冬至太陽在黃道的最南點），太陽從這一天起向靠近北天極的方向作逆時針運行（或說向北運行，但要記住實際是地球繞太陽逆時針向運

行），歷經三個月（約太陽在黃道上行走90°）就到春分點。再歷三個月到夏至點，再由夏至點歷經三個月到秋分點，又歷經三個月，太陽回到冬至點，這就是一個回歸年，地球公轉一周。

《周髀算經》用太陽在衡上的運行來說明晝夜的變化，由於晝夜長短隨四季變化而變化，故加上七衡來描述太陽每月的運行軌道，來解釋四季晝夜何以長短不同，也解釋為何四季氣溫不同，這就使得晝夜之道很不簡單，而晝夜之道正是日月之往來，而寒暑之道也是由日月運行而得，所以日月之來往運行表現了陰陽的大道理。

陰陽是有層次高低不同的，如果僅僅用太陽白晝在陽氣中，夜晚在陰氣中，由於陰氣暗冥，所以太陽不見了，這就是低層次地利用陰陽解釋自然現象，而用太陽旁照167000里，且月運行軌道不同來解釋晝夜四季，將陰陽概念歸結為太陽的運行，就是在較高層次上用陰陽來解釋自然現象。所以《易傳》持蓋天說的觀念作為其陰陽說的基礎，當是當時最高水準的。

《周髀算經》對於晝夜長短的變化，還做了更直接的敘述，它說：「日出左而入右，南北行。故冬至從坎，陽在子，日出巽而入坤，見日光少，故日寒。夏至從離，陰在午，日出艮而入乾，見日光多，故日暑。」這就是從太陽不同季節的出沒方位來表示寒暑變化，表示晝夜長短的變化。有趣的是用後天八卦方位來表示太陽的出沒方位。當觀測者面向南，背靠北時，左面為東，右面為西。太陽在冬至那一天，在天空運行的軌道，正處於天空的最南面；而在夏至那

一天，太陽在天空運行的軌道處於天空的最北面。所以若在中午觀測太陽（太陽正在子午線上），從冬至到夏至，太陽從最低點走到最高點（也是從最南到最北）；從夏至到冬至，在子午線上看，從最高點走到最低點（也是從最北走到最南）。又從太陽出沒的方位看，冬至時，太陽在外衡，在巽（東南）方出，在坤（西南）方沒，而當夏至太極內衡時，在艮方（東北）出，在乾方（西北）入。

綜此太極出沒和中天太陽的運行，都是顯示出「日出左而入右，南北行」，即太陽在地平坐標（與觀測者相關的坐標）上顯示出南北往返運行的情況。

從這一現象而論，太陽在外衡時，於整個天空而言是太陽偏南。而太陽在內衡時，於全天空而言，太陽偏北。太陽偏南時見日光少，故寒冷；太陽偏北時，見日光多，故暑熱。這是對當時中國中原部分而言，實際上對北半球的觀測者都是如此。

這裡也談到陰陽，其說是當冬至時，即太陽往南行到極點，這時陽氣在子位（坎位，正北），而夏至時太陽行到北方的極點，這時，陰在午位（離位，正南）。這意思是說，當陽在坎位時，正是太陽由南往北行；而當陰在離位時，太陽由北往南行。因而陰陽在這裡不是一種純觀念性的概念，而是有其觀測的基礎，這自然是《易》學陰陽觀念高層次的注釋。《易‧繫辭》說得更直接明瞭：「寒往則暑來，暑往則寒來，寒暑相推而歲成焉。」

《繫辭》在這後面接著說：「往者，屈也；來者，信也。屈信相感而利生焉」。《周髀算經》也接著說：「日月

失度而寒暑相奸。往者詘，來者信也。故屈信相感。故冬至之後日右行，夏至之後日左行。左者往，右者來。故月與日合為一月，日復日為一日，日復星為一歲。外衡冬至，內衡夏至，六氣復返，皆謂中氣。」

屈信，就是屈伸。從夏至起始，太陽的南北往返，就從北往南行，在晝夜變化來說，是白晝逐日變短，所以叫詘或屈。反之，若從冬至起始，太陽就從南往北行，這時白晝逐日變長，就叫做信，也就是伸，就是白晝逐日伸長的意思。但在這裡，又說夏至後日左行，而冬至後為日右行。為什麼又要採取左右行的說法呢，這實際也是為了解釋陰陽概念，古代人說的左行，往往是由東向西的運轉，即順時針方向。那麼，反過來的右行就是由西向東運轉。例如說天左行，就是由東向西運行，如每天日出於東而沒於西。而又說「日右行」，是因為地球繞日公轉，是自西向東，顯示出逆時針向，而從視運動看為日繞地轉，也表現為逆時針向，即由西向東轉，故謂右行。在這裡稱為左行是指一種趨勢，當冬至日太陽由巽位逐步北移時，到夏至點達艮位，這一段是整個由西向東運行（逆時針向）路線的一段落（由十二辰方位言，由辰至寅位），故謂「冬至後日右行」，而當夏至日之後，太陽由艮位逐步南移，到冬至點達巽位，這一段正好是整個由東向西運行（順時針向）路線的一段落，這就可說「夏至後日左行」。

這樣把屈信，來往，左右都與陰陽觀念做了根本的聯繫，所以《易‧繫辭》說：「變動配四時，陰陽之義配日月」，「一陰一陽之謂道」，正是表達了這種深層的意義。

由於日和月不斷地南北行，左右往來，而成歲功，故《周髀算經》說：「月與日合，為一月。日復日為一日，日復星為一歲」。當太陽和月亮連續兩次相會在一起，例如同在一個星宿（本質上就是同一經度），就是一個月，當然這是朔望月。而日復日，就是當太陽連續兩次出現在同一方位，就是一天。日復星，是指連續兩次到同一背景恆星，這就是一年。

但這裡要說明的是，若以恆星為背景，太陽連續兩次通過這一恆星的時間間隔是一個恆星年，不是前面所說的回歸年，如果這一背景是春分點或冬至點就是一回歸年了。因為春分點等與太陽位置有關，恆星年與回歸年不等長，現在測定一恆星年為 365.254 日，回歸年為 365.2422 日。

這一段《周髀算經》最後說：「外衡冬至，內衡夏至，六氣復返，皆為中氣。」前一節已有一個表（表 5-1）來說明了七衡六間，除內衡表示夏至，外衡表示冬至外，其它每一衡表示各個中氣時的太陽運行軌道，這正表示了《易經》在《復卦》卦辭中說的「反覆其道，七日來復。」在冬至時太陽在外衡軌道上，然後每月移行一衡，至第七個中氣為夏至，太陽在內衡。又經七次變移，太陽又回到冬至軌道外衡。高亨在《周易大傳今注》說，從四季而言，春夏為陽氣處於統治地位時期，共為六個月，秋冬為陰氣處於統治地位時期，共為六個月。陰氣自正月退出統治地位，至七月（正月後第七個月）又進入統治地位，是陰氣至七而復，陽氣自七月退出統治地位，至正月（七月後第七個月）又進入統治地位，是陽氣至七而復。陰陽二氣皆至七個月而復，終則又

始，循環不已，即《彖傳》所謂「終則有始，天行也。」這是對復卦卦辭「反覆其道，七日來復」的解釋，也是對「七衡六間」的關於陰陽概念的描述。《周髀算經》說的「六氣復返」，在《周易》則說的是「反覆其道，七日來復」，表明了《易傳》對陰陽的深層的理解。

從上面的敘述中可以看到，《周髀算經》的蓋天說宇宙觀在戰國時期相當活躍，它從《周易》的經傳中取得了不少啟發，也為《周易》的思想提供堅實的觀測依據，使《周易》的陰陽觀點達到了當時最高的層次，它不是依賴陰陽思想，也不是注解陰陽思想，而是在更深層次上對陰陽思想進行發揮或論證。這也反映了《周易》對中國古代的科技曾起過的作用。

三、《周易》和渾天說

渾天說的代表作，人們都提到張衡（前78—139）的《靈憲》，本章第一節裡舉了張衡的另一篇名著《渾天圖注》中關於渾天說的梗概，可見張衡是渾天說的積極提倡者，但對提倡渾天說更為重要的人物是比張衡早一個多世紀的揚雄，揚雄對張衡曾有過重要的影響。

《後漢書》本傳說張衡「常耽好《玄經》，謂崔瑗曰：『吾觀《太玄》，方知子雲妙極道數，乃與《五經》相擬，非徒傳記之屬，使人難論陰陽之事，漢家得天下二百歲之書也。復二百歲，殆將終乎？所以作者之數，必顯一世，常然之符也。漢四百歲，《玄》其興矣。』」張衡認為揚雄的

《太玄》是可以與《五經》相比擬的著作，是漢朝建國200年來難得的好書，他進一步預言，再過20年，《太玄》一定會興盛起來。

據說他曾對《太玄》作過注，他的本傳上說他作過《懸圖》，據說就是《玄圖》。並且在其本傳上，全文刊載了他的《思玄賦》，似乎也與《太玄》有關。因而本節還是先從揚雄關於渾天說的議論開始。

（一）揚雄的渾天思想

揚雄在其名著《法言‧重黎》中說：「或問渾天，曰：落下閎營之，鮮於妄人度之，耿中丞象之，幾乎，幾乎！莫之能違也。請問蓋天，曰，蓋哉，蓋哉！應難，未幾也。」這話的意思據錢寶琮解釋：「幾」字作「庶幾」解釋，就是接近，因而說：揚雄以為渾天說比蓋天說更接近真理。」落下閎是巴郡的民間天文學者，他於漢武帝元封七年（前104）應召到長安，參與太初改曆的工作，據《漢書‧律曆志》說：「乃選治曆鄧平及長樂司馬可、灑泉侯宜君、侍郎尊及民間治曆者，凡二十餘人，方士唐都、巴郡落下閎與焉，都分天部，而閎運算轉曆。」

落下閎在此改曆中當為相當重要的角色。鮮於妄人大約是漢宣帝（前73—前49）時的「主曆使者」，《漢書‧律曆志》說太初改曆後二十七年，元鳳三年（前78）太史令張壽王對太初曆持有異議，於是「詔下主曆使者鮮於妄人詰問，壽王不服，妄人請與治曆大司農中丞麻光等二十餘人雜候明晦朔弦望，八節二十四氣，鈞校諸曆用狀」，大概揚雄

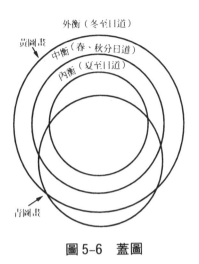

圖 5-6　蓋圖

說「鮮於妄人度之」指此一事，揚雄提到的第三人是耿中
丞，即是後來在漢宣帝時做大司農中丞的耿壽昌。《後漢
書‧律曆志》中說：「案甘露二年（前 52）大司農中丞耿
壽昌奏，以圓儀度日月行，考驗天運狀。」

　　觀此三人行事，落下閎「運算轉曆」，當是參與改曆的
運算和轉天度以應曆法。當時唐都分天部，配合落下閎轉天
度，可能已非圭表測影觀天之法，當是渾天法的應用。而鮮
於妄人為了與張壽王辨解，而致雜候明晦朔弦望等，自然要
詳細測知諸天體行度，而耿壽昌用圓儀測量日月行度，當然
要用圓儀觀測並注明星象。因而可能正是太初改曆，促進或
開創了渾天說的全新的局面。《晉書‧天文志》在《儀象》
篇中寫道：「暨漢太初，落下閎、鮮於妄人、耿壽昌等造圓
儀以考曆度。後至和帝時，賈逵系作，又加黃道。至順帝
時，張衡又制渾象，具內外規，南北極黃赤道，列二十四

氣，二十八宿中外星官及日、月、五緯，以漏水轉之於殿上室內，星中出沒與天相應。」

這是敘述渾天儀的發展過程，證實了太初改曆時渾天說正式被提出來並行用於世。因而揚雄最早提出了渾天說的開端。揚雄渾天說的思想，還有他著名的難蓋天八事。《隋書・天文志》記錄了「揚雄難蓋天八事以通渾天」。此處轉錄並逐條說明於下：

1.「日之通行循黃道，晝夜中規，牽牛距北極南一百一十度，東井距北極南七十度。並一百八十度，周三徑一，二十八宿周天當五百四十度今三百六十度何也？」即是自東井至牽牛 180°，這是二十八宿中的兩個極端星宿，即冬至太陽宿牽牛，而夏至太陽宿東井，這兩星宿之相距當為二十八宿環繞一周的直徑，那麼依周三徑一之理，當環周 540 度，而周天只 360 度，即指蓋天說認冬至太陽在牽牛，夏至太陽在井宿與周天之度不合。

2.「春秋分之日正出在卯，入在酉。而漏盡五十刻，即天蓋轉夜當倍晝，今夜亦五十刻何也。」這是根據蓋圖而提出的問題。案《周髀算經》七衡圖趙爽注說：「青圖畫者，天地合際，人目所遠者也。天至高，地至卑非合。人目極觀而天地合也。日入青圖畫內謂之日出，出青圖畫外謂之日入。青圖畫之內外皆天也。北辰正居天之中央。人所謂東西南北者，非有常處，各以日出之處為東，日中為南，日入為西，日沒為北。」就是說人眼所見天地相合處的這一個天就是青圖畫，因而假設觀測者為中心，以 167000 里為半徑作一圓，這就是青圖畫的範圍，青圖畫若畫在紙上，就要按比

例來作圖，比如以尺六寸七分為半徑畫一個圖，塗上淺青色。青圖畫的範圍中謂日出，為晝；青圖畫的範圍外為日入，為夜。

另外還有一個黃圖畫，趙爽注說：「黃圖畫者，黃道也，二十八宿列焉，日月星辰躔焉。使青圖在上不動，貫其極而轉之，即交矣。我之所在，北辰之南，非天地之中也。我之卯酉，非天地之卯酉。內第一，夏至日道也，中第四，春秋分日道也；外第七，冬至日道也。」黃圖畫是以天極為中心，畫上七衡六間，在內衡與外衡之間塗上黃色，叫做黃道（此非地球公轉軌道在天球上的投影的黃道），上面綴明恆星，繪出二十八宿等，即以天極為中心的星圖。這個青圖畫與黃圖畫合起來大概就是蓋圖，青圖是以天頂為中心，黃圖以天極為中心，將這兩個中心點聯結起來，這兩個中心點的距離，《周髀算經》舉例說周地（即指洛陽）在極下往南十萬三千里，因而將兩圖疊合在一起時，就得依這個距離。從上面的青圖可透視下面的黃圖，即可透過上面的青圖看見黃圖上的七衡六間和二十八宿星象等。如果旋轉下面的黃圖，向右（逆時針向）旋轉，由青圖畫透視的天象有變遷，而且青圖與黃圖是部分相交，因而利用這個蓋圖，就可看出任何季節日出、日入的方向和晚上可見到的星象。

春分和秋分日道（中衡），在青圖內的部分比在青圖外的部分要小，大約青圖外的中衡範圍差不多兩倍於青圖之內的部分，青圖內的部分是見到太陽的，是晝，而青圖外是夜，故轉蓋圖可知夜為晝的一倍，但以時間計，夜與晝同樣是五十刻，為什麼？

3.「日入而星見，日出而不見。即斗下見日六月，不見日六月，北斗亦當見六月，不見六月，今夜常見，何也。」這是說在斗下，六個月見到太陽，六個月見不到太陽。那麼北斗也應當六個月看見，六個月看不見，而現在北斗夜夜看見為什麼？這問題問得似乎不對，因為說斗下，太陽六個月見，六個月不見，而這個斗當是指極，並非說是北斗星。

4.「以蓋圖視天河，起斗而入狼弧間，曲如輪。今視天河直如繩，何也。」

5.「周天二十八宿，以蓋圖視天，星見者當少，不見者當多，今見與不見等，何出入無冬夏，而兩宿十四星當見，不以日長短故見有多少，何也？」

這第四，第五兩難，亦是衝著蓋圖而說，同第二難一樣。第五難是因青圖與黃圖迭交時，透過青圖看到的黃圖只是一小部分，均勻分布於「黃道」內的二十八宿星應是見者多而不見者少，但常常見到幾乎是一半的星宿，這是怎麼搞的呢？第四難是一個圖形畫法的問題。

6.「天至高也，地至卑也，日托天而旋，可謂至高矣，縱目可奪，水與景不可奪也，今從高山上以水望日，日出水下，影上行，何也？」蓋天說既認為太陽在天上運轉，總是高出地面之上，但在高山上看日出，太陽是從地平線下升起，這又怎麼說呢？這第二、第五、第六三難都抓著了蓋天說致命之處。

7.「視物近則大，遠則小，今日與北斗近我而小，遠我而大，何也？」

8.「視蓋橑與車輻間，近杠轂即密，益遠益疏，今北極

為天杠轂，二十八宿為天橑輻，以星度度天，南方次地星間當數倍，今交密何也？

這第七難說由蓋圖看來，太陽有時比北斗遠，為什麼總是看北斗小，而看太陽大呢？這當不是個實質問題。第八難是說以車輪作比方，蓋圖上靠近天極的星應密近，而遠離天極的星疏散一些，但是實際上，距極度遠的星相距卻不遠呢？由上述八難可知，蓋天說大部分困難在於將天上的日月星辰壓縮在一幅以天極為中心的平面圖裡，原本就很勉強，只能表個大意，但卻又數字確鑿，位置嚴格，不免有矛盾處。第一難實際上就是難蓋圖的投影法不合理，但在這八難中的第六難卻是與《易經》有關聯的。

後漢末的陸績曾說；「周公次序六十四卦，兩兩相承，反覆成象，以法天行，周而復始，晝夜之義。故《彖‧晉卦》曰，『晝日三接』。《象‧明夷》曰：『初登於天，後入於地』仲尼說曰：明出地上，晉。進而麗乎大明，是以晝日三接。明入地中，明夷，夜也。先晝後夜，先晉後明夷。故日初登於天，照四國也；後入於地，失則也。日月麗乎天，隨天轉運，出入乎地，以成晝夜也，渾天之義，蓋於此同。」（引自《唐開元占經》卷二）

揚雄難蓋天說的第六難就是批判蓋天說的天只在上，地只在下的這種宇宙天地結構，認為太陽可以由地下升出地平，也可以沒入地下，關於《晉》和《明夷》兩卦與渾天說的關係在第二章已經講過，在此不贅述。

揚雄的渾天思想，在其《太玄》一書中處處表現出來，如《太玄》一開頭就說：「馴乎，渾行無窮正象天。」即把

天看做一個物體。他所說的太玄，順應著天道，也象「天」那樣，永不止歇地環繞旋轉，所以這一句話中也說了』天體」的圓轉繞行。他多處用「崑崙天地」之形象說明渾天的宇宙觀念，甚至說到占筮的蓍草，也要與其天地渾沌相聯繫，如《太玄數》之首句「崑崙天地而產蓍」，《太玄》比擬於《易經》六十四卦的八十一首的第一首，稱為中首，其初一贊辭說：「崑崙旁薄，幽」，范望注解說；「昆，渾也，侖，淪也，天之象也。旁薄猶彭魄也，地之形也。幽，隱故稱幽，言日在地下，幽隱不見也。」揚雄又在其十一篇解經之傳的《太玄告》中說：「天穹隆而周乎下，地旁薄而向乎上，」即更明確地表明了他的渾天思想。

（二）張衡的《靈憲》和《渾天儀注》

張衡主張渾天說，他撰寫了兩篇著名的論文，即《靈憲》和《渾天儀注》。

在《靈憲》中，他從宇宙演化的角度來描述其渾天說思想，他認為宇宙發生發展到一定階段，形成為一種「並氣同色，渾沌未分」的渾沌無端的元氣狀態，在一定情況下，這種渾元之氣開始劃分，張衡寫道：「於是元氣剖判，剛柔始分，清濁異位。天成於外，地定於內。天體於陽，故圓以動；地體於陰，故平以靜。」

就是說元氣分為剛柔之氣，剛柔既分，氣就有清有濁，清氣向外擴展，濁氣向內聚積，兩者處於內外不同的地位。向外擴展的清氣形成了「天」，向內聚攏的濁氣定型成了「地」。因此「天」的體屬陽，呈現圓形而且不停地運轉；

「地」之體屬陰，故呈現展平的形狀而且安靜。在這個基本的天地結構下，張衡講了渾天說的幾個特徵。

第一個說：「天有兩儀，以舞道中，其可睹，樞星是也。謂之北極。在南者不著，故聖人弗之名焉。其世之遂，九分而減二。」日月為天之二儀，是天上兩個最重要的天象，也是《易・繫辭》反覆強調的』一陰一陽之謂道」的最典型的體現。這兩個天體在黃道上環繞著北極運行，在天北極那裡，明顯可見的是樞星。南天極由於看不見，所以聖人（觀測者）沒有定出它的名稱，天的兩端是南北二天極。在其《渾天儀注》中做了這樣的描述：以北天極為中心，直徑為 72 度的小圓內，所有星體應是常見而不隱的。這顯然是住在洛陽的觀測者觀測到的情況，因為洛陽是東漢的首都，那裡北天極出地 36 度。從而推論繞南極的同樣大小的圓圈內的星體當是常隱而不見的。因而在從北極到南極的 180 度內，有 40 度左右之廣的範圍內的星不可見。即九分減二。

第二個特徵說：「陽道左迴，故天運左行」。他認為陽氣的運行方向是左旋，而天為積陽所形成，故天運左旋」，這樣天上星體恆為東升西落，這是渾淪運行的主要特徵。

第三個特點是：星象組成了天上的世界，即星體雖然未必是在同一層面上附著於天體（天球），但基本上是隨天運行，只有七曜（日月五星）可能是在一定深度的天球層內運行，除附著於天外，可能還有一些偏離天殼的運行，他說：「文曜麗乎天，其動者七，日月五星是也，周旋右會。天道者，貴順也，近天則遲，遠天則速，行則屈，屈則留回，留回同逆，逆則遲，迫於天也。」

由這三例可見，張衡撰《靈憲》是為了確立渾天說的基本原則，正如《靈憲》開頭所說：「昔在先王，將步天路，用之靈軌，尋緒本元，先準之於渾體，是謂正儀立度。」古代帝王將要測量天之運行確定諸星體的運行軌道，尋求廣闊宇宙間一切天象的端序，找出其根本的規律和法則，就要將宇宙天地系統看成是一個渾體，即「渾淪天地」。這就叫做「正儀立度」，即這才是正確的探索天體及天象的正確方法。

　　張衡曾製作銅渾象，《晉書・天文志》說：「張平子既作銅渾天儀，於密室中以漏水轉之，今伺之者閉戶而唱之。其伺之者以告靈臺之觀天者曰：『璇璣所加，某星始見，某星已中，某星今沒』，皆如合符也。」張衡大約是為了證實宇宙天體的渾體本質，設計製造這一儀器。因為他不是為了僅僅製作一個儀器，而是用它來作為宇宙的模型，因為他為此作注，這才是他的目的，在本章第一節中引述了他關於天地宇宙總體的論述，前面又復述了其關於近北天極的眾星常見不隱，近南天極的眾星常隱不見，但他更詳細地論述了日月五星在天上的運行。

　　為此，他首先詳細地講了黃道與赤道的相互關係，說：「赤道橫帶天之腹，去南北極各九十一度十九分之五，黃道斜帶，其腹出赤道表裡各二十四度，然則黃道斜載赤道者，即春秋分之去極也。」即是說赤道與兩極垂直，正當天球之中腰，而黃道與赤道成 24 度（今值 23°27′）的交角，黃道與赤道的兩個交點，即是春分和秋分。由此推出並觀測二分二至時所在星宿。蓋天說為冬至在牽牛，夏至在東井，春分

在婁，秋分在角。

其推算法是：夏至日在內衡，以周天 $365\frac{1}{4}$ 度除內衡周，得每度弧的長度。然後分別以冬至，二分和夏至（即外、中、內衡）的半徑來除以內衡周一度，求得這四宿的極距，但二至的內、外衡半徑，要加減一個改正數。而《渾天儀注》中就非常簡明，冬至太陽在赤道以南 24 度，而赤道距極 91 度多，所以冬至太陽距極 115 度多。夏至則太陽在赤道北 24 度，故太陽距北極 67 度多（91 度多減去 24 度）。二分距極即赤道的去極度。

在《靈憲》中，張衡強調：「星也者，體生於地，精成於天，列居錯峙，各有攸屬」，是對《繫辭》「天地變化，聖人效之，天垂象，見吉凶，聖人象之」的說明，這樣就自然地把眾恆星視為附著於天球上，但對於日月五星卻不是這樣，已如前述。對於日月，張衡還說：「縣象著明，莫大乎日月」。又說「日者陽精之宗，……陽之類，其數奇。月者，陰精之宗，……陰之類，其數偶。」這些都反映了張衡受《周易》的深刻影響。

在張衡的渾天說中，張衡說了渾天的形狀和大小後說：「過此而往者，未之或知也。未之或知者，宇宙之謂也。宇之表無極，宙之端無窮。」

他突破了蛋殼式的天，於是就將天和地這一部分宇宙與更大的無限宇宙做了區分，也做了聯繫。形成了張衡突出的思想成就。張衡的這一思想在當時雖然未被人們理解，但他的思想卻一直熠熠生輝。

（三）王充對渾天說的批判和葛洪的辯護

王充據蓋天之說，批駁渾天之說。但王充並不是蓋天論者，他是對蓋天、渾天、宣夜三家之說都作批評，並發表自己的看法。但這裡引的一段，他確實是據蓋天說反駁渾天說，因而才引起葛洪對他的批評。

《論衡・說日》篇說：「實者，天不在地中，日亦不隨天隱，天平正與地無異。然而日出上、日入下者，隨天轉運。視天若覆盆之狀，故視日上下然，似若出入地中矣。然則日之出，近也；其入，遠，不復見，故謂之入。」又說：「臨大澤之濱，望四邊之際與天屬。其實不屬，遠若屬矣。日以遠為入，澤以遠為屬，其實一也。」又說：「泰山之高，參天入雲，去之百里，不見垛塊。夫去百里，不見泰山，況日去人以萬里數乎？」又說：「試使一人把大炬火，夜行於道，平易無險，去人不十里，火光滅矣。非滅也，遠也。今日西轉不復見者，非入也。」這一段敘述之主要論點有二：

1. 太陽不入地下，因天同地一樣平展，看起來太陽出而上，入而下，是由於太陽隨天運轉，天看起來像個倒扣著的盆子，所以似乎太陽上出下入。

2. 太陽沒有出入地上地下之說，只有遠近不同，近時看日在天中，遠時太陽光滅。

葛洪對此反駁說：「王生（指王仲任，即王充）以火炬喻日，吾亦將借子之矛以刺子之盾焉，把火之人，去人轉遠，其光轉微，而日、月自出至入，不漸小也。王生以火喻

之，謬矣。又日之入西方視之稍稍去，初尚有半，如橫破鏡之狀，須臾淪沒矣。若如王生之言，日轉北去有半者，其北都沒之頃，宜先如豎破鏡之狀，不應如橫破鏡也。」又說：「月之光微，不及日遠矣，月盛之時，雖重雲蔽之，不見月體，而夕猶朗然。是光從雲中而照外也。日若繞西及北者，其光故應如是在雲中之狀，不得夜便大暗也。」葛洪認為：人們看到太陽落山，先呈現橫放的破鏡之狀，然後太陽下山。但若依王充說，太陽只是遠去而不見，那麼，太陽向北光滅之頃，應呈現豎破鏡之狀，而不是橫破鏡之狀。月光遠弱於太陽，但在月光盛時，重雲遮蔽，看不見月亮，但其亮光還使人們感覺到。若太陽在天繞行，應該如月亮透過雲層那樣，不應該是一入夜就大暗。

王充還說：「天運行於地中乎？如果運行地中，鑿地一丈，轉見水源。天行地中，出入水中乎？」他認為天不能在地中通過水而運行，特別是不能「日隨天而入地」。葛洪則反駁說：「若天果如渾者，則天之出入行於水中，為的然矣，故黃帝書中：『天在地外，水在天外』，水浮天而載地者也。又《易》曰『時乘六龍』。夫陽爻稱龍，龍者居水之物，以喻天。天，陽物也，又出入水中，與龍相似，故以龍比也。」即認為天入地下，從水中過是當然之事，何必大驚小怪，故又說：「天出入水中，當有何損，而謂為不可乎？」

《晉書·天文志》又說王充認為「日月不圓，望視之所以圓者，去人遠也。夫日，火之精也；月，水之精也。水火在地不圓，在天何故圓？」葛洪認為：「王生又云（日，

月）遠故視之圓。若審然者，月初生之時及既虧之後，何以視之不圓乎？而日食或上或下，從側而起，或如鉤至盡。若遠視見圓，不宜見起殘缺左右所起也。此則渾天之理，信而有征矣。」由於王充認為日、月之所以圓，是因為它們離我們遠，看起來才圓。葛洪認為王充這是在為蓋天說辯解，所以他要反駁，認為如果遠望則圓，那麼，月亮在月初生時和望過後何以會看起來不圓？日食或從上初虧，或從下，從側面始虧。有時全食，甚至月盡如鉤。如果遠視見圓，就當看不到這些非圓的形狀，日月盈虧的這種情況，反而進一步證實了渾天說合理。

渾蓋之爭導致宇宙結構的理論深入的發展，三國初年為《周髀》作注的趙爽在其序文中說：「渾天有《靈憲》之文，蓋天有《周髀》之法。累代存之，官司是掌。」他認為渾蓋之爭，會導致將兩者的缺失丟棄，也可將兩者的優點融合。趙爽說：「兼而併之，故能彌綸天地之道，有以見天地之頤。」後世有不少天文家、曆家等都在這方面做了努力，公元6世紀初，梁朝的崔靈恩，創立一種「渾蓋合一」說，北齊的信都芳撰《四術周髀宗》，但這些都已失傳，無法詳細知道它們的內容。直到近世，李之藻、梅文鼎等還為中國古老的宇宙結構與西洋天文學做比較研究。

四、《黃帝內經》與宣夜說

《黃帝內經》（以下簡稱「內經」）包括兩部分。即《素問》和《靈樞》兩大部分。《靈樞》九宮八風已在前面

做了介紹，它與八卦曆法有深刻的聯繫，或者它本身就是八卦曆法的一種表現形式。《素問》的第 66、67、68、69、70、71 各篇，即《天元紀大論》、《五運行大論》、《六微旨大論》、《氣交變大論》、《五常政大論》、《六元正紀大論》，再加上排在第九篇的《六節臟象論》，合稱七篇大論，主要論述了本書第三章中已扼要介紹的《五運六氣》曆。因此《內經》與《周易》的關係至為密切，但本節要說的是《內經》中的宇宙結構觀點。

前已提及在《素問》第 25 篇《寶命全形論》中說：「天覆地載，萬物悉備，莫貴於人，人以天地之氣生，四時之法成。」這是以人或是以觀測者為中心的天地宇宙結構觀念，它強調人在天地之中，由天覆蓋著，由地負載著。天在上地在下本是蓋天說類型的宇宙觀念，但這裡說天覆地載強調的是人在空間的位置，並不強調天地是兩個平展的平面，天居於上，而地居於下。所以不能說它屬於蓋天類型。

《內經》的關於論天的幾篇，也說「然天地者，萬物之上下也。」（《天元紀》）「論言天地者，萬物之上下，左右者，陰陽之道路。」仍然從人和萬物的角度強調天地之上下，但加了「左右者，陰陽之道路」，似乎是說天地之間有陰陽之氣的聯通。

但說得最明白的是《五運行》中的這一段對話，即：「（黃）帝曰：『地之為下否乎？』岐伯曰：『地為人之下，太虛之中者也。』帝曰『憑乎？』岐伯曰『大氣舉之也。』」並不強調地之為下，只說地為人之下，但在太虛之中。太虛在《內經》裡即是宇宙的意思。因而人們也認為這

是一種渾天說的思想。《五運行》就這一宇宙形象說道：「夫變化之用，天垂象，地成形。七曜緯虛，五行麗地。地者所以載生成之形類也。虛者所以列應天之精氣也。形精之動，猶根本之與枝葉也。仰觀其象，雖遠可知也。」這一段與張衡在《靈憲》中說的「星也者，體生於地，精成於天」都是將天和地說成是根本與枝葉的關係形象。而這兩者又都是本著《易》所說在天成象，在地成形的思想。《易·繫辭》就說：「成象之謂乾，效法之謂坤。」因而有人也以為《內經》是持渾天說宇宙觀念者，或者與渾天說同一種類型的宇宙結構觀念。

認真說來，《內經》是從其《五運六氣》曆反映了它的宇宙結構觀念，因為建立五運六氣曆時，有一個前提，就是根椐一年中大氣的變化。將一年分為六步，直接稱為六氣。每一步占四個節氣即 60 天，表面上看是為了利用六十花甲紀日的方便，實際上即是將太陽在天球上的視運行轉化為氣的運行，並按《易·繫辭》所說，「變動不居，周流六虛」，將氣的運行分為六步。

前已述及，《漢書·律曆志》以「變動不居，周流六虛」解釋以律入曆和天度與氣數的關係，唐僧一行大衍曆也將「成變化而行鬼神」的十個數字分為六段，以應「周流六虛」之數，《內經》則將全天之氣化為六步，以應「周流六虛」之數。可能是《內經》最早做了這個安排。

《內經》將全天之氣做六步安排，原則上是根椐宣夜說的宇宙觀念。宣夜說突出的特點是：宇宙天體中充滿了大氣或元氣，日、月、眾星浮生於虛空之中，其行其止都賴大

氣，因而眾天體都無所根繫。然而也表現出了一定的規律性，如日行一度，月行十三度，北斗卻不參與眾星下落，也不與眾星那樣會升起。這些規律性當不是星體本身所具備，而是大氣運行的規律使之如此。《內經》正是將宣夜說的這種觀點，貫穿其宇宙結構概念之中。

太虛大氣托舉大地是由於太虛大氣形成了天地。《內經》重視《易傳》的「一陰一陽之謂道。」它據此將太虛大氣分為兩大類，即陰氣和陽氣，陽氣有運動、發散、上升、清輕和溫熱的特性，陰氣則有靜止、凝結、下降、寒涼、沉濁等特性，正是由於太虛大氣的這種陰陽特性，形成了天地。所謂「積陽為天，積陰為地」、「陽化氣，陰成形」、「清陽上天，濁陰歸地」（以上均見《陰陽應象大論》），說明天是陽氣的聚積，由於陽氣擴散，輕清，不停地運動，因而沒有形體。地是濁陰的堆積，凝結，沉重而混濁，因而累積的陰氣成了具有形體的大地。

明代醫學家張介賓在其《類經》中說：「陽動而散故化氣，陰靜而凝故成形。」這樣就以宣夜說的大氣理論將「一陰一陽之謂道」具體化了。《易》學中天動地靜的觀點，也以氣的陰陽做了解釋。

《內經》進一步認為，太虛大氣形成了天地，托舉著大地，還不斷作用於大地。這作用於大地的是六種陰陽程度不同的氣。《天元紀大論》說：「寒暑燥濕風火，天之陰陽也，三陰三陽上奉之。木火土金水，地之陰陽也，生長化收藏下應之，天以陽生陰長，地以陽殺陰藏。」這六氣即寒暑燥濕風火與「五運六氣」的六氣是相對應的，其對應關係，

列表如下：

表5-2　六氣陰陽與節氣對應表

五運六氣之序	六氣	曆經節氣	陰陽名稱
第一步氣	風	大寒—立春—雨水—驚蟄	厥陰
第二步氣	火	春分—清明—穀雨—立夏	少陰
第三步氣	暑	小滿—芒種—夏至—小暑	少陽
第四步氣	濕	大暑—立秋—處暑—白露	太陰
第五步氣	燥	秋分—寒露—霜降—立冬	陽明
第六步氣	寒	小雪—大雪—冬至—小寒	太陽

　　由此表可看出：《內經》把節氣、三陰三陽、寒暑風火燥濕和五運六氣曆做了嚴密的對應，表明它雖以氣的運行為說，但將氣以陰陽分類之後，使氣的運行規律與太陽的視運行規律同步，這就使得宣夜說的大氣宇宙理論不僅僅是定性地解釋大氣，而是定量地描述了大氣的運行狀況。《易》學中的陰陽、氣和以日月為典型的陰陽之道都在這裡得到一種具體的體現。

　　《內經》中提到的星體是兩類：一類即日月五星的七曜；另一類是懸朗的北斗九星和二十八宿，即恆星系統。

　　其說「七曜緯虛」，即謂日、月、五星在天上眾星間來回橫越，而「虛」（即天空）者，列應天之精氣，是說眾恆星排列在天上，作為七曜的背景。所以《內經》認為星體在天上「遲疾任情」而行止不定者，只是七曜。說到「九星懸朗」，不講北斗的移動或變化，這正是宣夜說的觀點，

「辰極常居其所,北斗不與眾星西沒也。」對於二十八星宿,《內經》只是作為天上的座標點,引入五運之氣(金木水火土五行之氣,因五行本附於地,到了天上稱五運之氣)才說到,所以連二十八宿都沒有說全。而這正是宣夜說思想的進一步表述。

但對於七曜。日月這兩儀(張衡之說),《內經》認為太陽由陽氣組成,月亮由陰氣組成。《六節臟象論》說:「日為陽,月為陰,行有分紀,周有道理,日行一度,月行十三度而奇焉,故大小月,三百六十五日而成歲,積餘氣而盈閏矣。」這是依蓋天說而成立的四分曆法。當然宣夜說也承認「日行一度,月行十三度」,但它不是象蓋天說那樣認為「行有分紀,周有道裡」,而是「遲疾任情,無所繫著」。但是與蓋天說一樣都尊重觀測事實,只是《內經》完全從太虛大氣的陰陽特性找出對日月運行度數的解釋。

至於《內經》論述太陽的運行,卻是完全與人體聯繫起來,它認為太陽一晝夜環行二十八宿一周,而人體的血氣行人體 50 周,白天行 25 周,黑夜行 25 周。每太陽行一宿,血氣行身 1.8 周,人一呼一吸為一息,270 息,氣行十六丈二尺,即行人身之一周。由此再進一步,每經過一宿,(注意,這是一周天二十八宿均勻分布的一宿,實際上二十八宿不是等長的),人呼吸 486 次(486 息),據此推算人一晝夜有 13500 息。《平人氣象篇》說:「人一呼脈再動,一吸脈亦再動,呼息定吸脈五動,閏以太息,命曰平人,平人者不病也。」即平常人呼息一次,脈跳動五次。於是當據太陽周日運行與人體呼吸、脈跳聯繫起來後,就得到氣行人體一

周，呼吸 270 次。氣行人體一周十六丈二尺，呼吸 270 次，一次呼吸則氣行六寸，一次脈的跳動，氣行一寸二分，於是用氣運行的長度表示脈搏的頻率，從而表示一種時間周期。由於《內經》強調大氣貫穿於宇宙各處，包括人體內之各處，因而在以推步氣的周日運行，實即推步太陽周日運行時，自然地將人體與宇宙結構聯繫起來。所以，當它將人體氣血運行與日行二十八宿直接掛鉤，一點也不覺得有什麼不妥，而且它似乎也不認為是在二者的時間共同點上建立這種聯繫，反而認為是人體與宇宙兩者互相模擬。

進一步論述太陽周年視運動時，它也堅持這種大氣貫通一切的觀點。《內經》認為作用於大地的寒暑燥濕風火六種氣，不是完全「遲疾任情」的，而是有一定的規則，就是有規則的六步。

第一步氣大約是從大寒開始的時刻，作用於大地，這步氣是風氣，在陰陽層次上稱為厥陰，這一步氣作用於大地約60 天（四個節氣）左右。

然後就是第二步，是火氣，春分開始這步氣，春分是當太陽從黃道由南向北，橫過赤道圈時之所在點。其在大氣陰陽上稱為少陰，起作用亦為 60 餘天。

而後就讓位於第三步氣少陽暑，起始點是小滿中氣，太陽已在赤道北。暑和火都是熱，但少陰火偏於溫暖，少陽暑就偏於暑熱。因而《內經》稱少陰火為少陰君火，稱少陽暑為少陽相火，似乎說君火屬於王道類型，相火則屬霸道類型。

第四步氣是大暑開始，為太陰濕氣當令，這是當暑天極

熱時，常常出現暴雨或大雨的季節，往往是在秋季來臨之前會出現這樣的時節。太陰濕氣季節是《內經》特有的，稱為長夏。

第五步氣是陽明燥氣當令的季節，這時表現為秋高氣爽，從秋分開始。秋分在天文上是當太陽從赤道以北到赤道以南的轉折點，也就是太陽在黃道上由此向南越過赤道的那一點。

第六步氣是太陽寒當令的季節，從小雪開始，到大寒結束，又重新開始第一步厥陰風當令的季節。

在這裡要特別指明，《內經》將六氣與五行配應起來，其配應的方法是：厥陰風配木，少陰配火，少陽也配火，所以稱少陽相火。太陰配土，稱為太陰濕土。陽明配金，稱為陽明燥金。太陽配水，稱為太陽寒水。這樣六步配上五行，就形成了一個五行相生的節令推移規則，第一步厥陰風木，木生火，故第二步為少陰君火。第三步還是火，所以第二步氣到第三步是火的上升與發展，故第三步為少陽相火。第四步太陰濕土，是由前兩步火生土而得。土生金，故第五步是陽明燥金當令。金生水，故第六步是太陽寒水當令。水生木，故從第六步又回到第一步氣厥陰風木。這就完成了一年太虛大氣對大地作用的運轉，也是太陽周年視運動的過程。《內經》還引入五行相生作為季節變化的內在機制。

總之，《內經》把太虛大氣的運行規則建立起來，並且用以描述晝夜進程，四季進程。而且還強調了天人一致的內在本質。宣夜說強調天體的一切，包括存在和運行，都受制於大氣，《內經》正是以此為基礎進行推步，在推步過程

中，對大氣的陰陽和五行特性都作了其特有的處理。所以「絕無師法」的《宣夜說》，可能其主要內容保留在《黃帝內經》這部巨著之中。

五、宇宙演化

關於宇宙或天體（非指天上的星體等，而是整個天）演化的思想，古代哲學家們都不乏其見解，但本節只從天文家之言稍作介紹，作為全書的結束。

漢代天文學家張衡撰寫的《靈憲》，系統地講了宇宙的發生和發展。他說：

太素之前，幽清玄靜，寂寞冥默，不可為象。厥中為虛，厥外惟無，如是者永久焉，斯為溟涬，蓋乃道之根也。道根既建，自無生有，太素始萌，萌而未兆，併氣同色，渾沌不分。故道志之言云：『有物渾成，先天地生』，其氣體故未可得而形，其遲速故未可得而紀也。如是者又永久焉。斯為龐鴻，蓋乃道之幹也。道幹既育，有物成體。於是元氣剖判，剛柔始分，清濁異位。天成於外，地定於內。天體於陽故圓以動；地體於陰故平以靜。動以行施，靜以合化，埏郁構精，時育庶類，斯為太元，蓋乃道之實也。

據《易緯·乾鑿度》說，宇宙演化的過程歷經了太易、太初、太始、太素四個階段才到達《易傳》所說的「太極」狀態。這四個階段是：「太易者，未見氣也，太初者，氣之始也，太始者形之始也，太素者，質之始也。」

《靈憲》說「太素之前」，當指太易、太初和太始三個階段，是從無到有的階段，《靈憲》的這一階段稱作「溟涬」，當是指一種彌朦朧的自然狀態，宇宙處於純然的陰暗寂靜之中，說宇宙之中是虛寂的，外部是什麼也沒有，這歷經了很長一段時間，也是大「道」之根本。

接著他說了其第二階段，稱為「龐鴻」。道根建立起來之後，就自無而生有，而進入太素階段，太素雖然萌發了有，但卻是形質不分，併氣同色。「併氣同色」，說的是處於一種混沌狀態，這就是老子《道德經》上說的：「有物渾成，先天地生」。這種混沌而無端序的元氣狀態，是由大氣充滿的體，卻看不到它的形狀。這個體處於運動的情況下，但其具體的運行情況卻無法觀測和記述。這種「龐鴻」狀態又經歷了漫長的時間，這就是道之幹。道幹既已生長起來，諸種物類就有了體，於是渾元之氣就開始劃分，分為剛氣和柔氣。剛柔既分，氣就有清濁，清氣向外擴展，濁氣向內聚積，兩者處於內外不同的地位。向外擴展的清氣，形成了天；向內聚攏的濁氣，定型成了大地。因為天之體屬陽，就呈現圓形而且不停地運轉；地的體屬陰，呈現展平的形狀而且安靜。董仲舒在《春秋繁露‧人副天數》篇中說道：「天德旋，地德化，人德義」，張衡引而伸之說：「動以行施，靜以合化」，即運動的天不斷施捨付與，安靜的大地則融合、化生和孕育。濃鬱的氣積而致精氣的交合，及時地蕃養了人類和萬物，這叫做太元，就是道之實。

張衡的宇宙演化思想顯然受到當時盛行的《易緯》的影響，但可能更受揚雄《太玄》的影響，當然揚雄實質上也是

仿卦氣而作《太玄》。揚雄的「太玄」，本質上就是陰陽未分的渾沌元氣，並視為宇宙中最深層的本原之氣，處於幽冥之中，但卻處處起著感覺到，但看不到其形態的作用。

揚雄在《太玄攡》中說：「玄者，幽攡萬類而不見形者也。資陶虛無而生乎規。攡神明而定攡，通古今以開類，攡措陰陽而發氣，一判一合天地備矣。天日迴行，剛柔接矣，還復其所，終始定矣。」按攡是舒張伸展的意思，也有鋪陳傳播的意思，因而處於幽冥深處的「太玄」，舒張而伸展著宇宙和萬物，但卻看不到它的存在。資陶是取養的意思，故接著說的是取虛無而養成天的形狀，使元氣圓轉運行而成天，綿是關連的意思，攡是法度或規則，即以下說的是：關連著天地神明的法度，太玄關聯天地，連通古今。措是設置的意思，所以接著說：張設陰陽而使元氣有所變化，這樣分了陰陽又使陰陽交錯，而形成天地。天上有了日月。但天之運轉是由東向西運動，即逆時針方向，天和太陽的這種運行是「太玄」資陶虛無而形成的，稱為「天日迴行」，實際上是說，天行快於日行。天已走了一圈，而太陽尚差一度，看起來日慢於天。從陰陽觀點而言，天是陽之聚積，故清陽為天。太陽雖然是陽，而且是圓形，可是它有形狀，因而天之陽性更勝於日，所以天行速，因而說明太玄「攡措陰陽而發氣」時，不是均勻的。由於「天日迴行」，陰陽之交替和會合形成晝夜之道。

《易‧繫辭》說：「剛柔者，晝夜之象也」。天晝夜運行，周而復始，一年天從一處（如從斗宿起）又回到該處，終始之點就定下來了。從以上引《太玄》之說，再看張衡之

說，可知兩者基本思想完全一致。

前面所引《靈憲》所說，只是宇宙演化到天地形成而後生出萬物，渾沌狀態是從無到了有，渾沌狀態之後是從無序到有序的演變。而這一點張衡講得十分簡略，何以張衡敘述簡略呢？因為他認為《周易》說得清楚，即《繫辭》所說：「《易》有太極，是生兩儀，兩儀生四象，四象生八卦，八卦生吉凶，吉凶生大業。」張衡說的與《繫辭》相銜接。但《靈憲》說的「元氣剖判，剛柔始分，清濁異位，天成於外，地定於內」顯然與太極生兩儀的思想是一致的，而太極生兩儀之後，《靈憲》就不贅述。這說明張衡的《靈憲》受揚雄的影響，也受卦氣說的直接影響，從而還直接地受《周易》經傳的影響。

然而就上面引的《繫辭》的那一段話，他雖然說的是「《易》有太極」，但它本身也應該說是對天體（宇宙）演化的一種更為理性的描述。《易》始於太極，但並不是說太極以前就什麼也沒有，《易緯・乾鑿度》說：「孔子曰《易》始於太極，太極分而為二，故生天地。天地有春秋冬夏之節，故生四時，四時各有陰陽剛柔之分，故生八卦，八卦成列，天地之道立。」東晉干寶注序卦云「有天地然後萬物生焉」句，說：「物有先天地而生者矣。今正取始於天地。天地之先，聖人弗之論也。故其所法象，必自天地而還。老子曰：有物混成，先天地生，吾不知其名，強字之曰道。」《繫辭上》曰：「法象莫大乎天地」。莊子曰：「六合之外，聖人存而不論。」《春秋・穀梁傳》曰：「不求知所不可知者，智也。」（引自〔清〕惠棟《周易義》，見

《四庫全書》）這就解釋了《易》之所以只從太極開始，言說天地宇宙之演化。

張衡大概也是這樣想的，因此，他只對太極之前做補充（其實也是根據《乾鑿度》），而把發展到太素有了質地的階段，視為太極，視為渾沌，而與太極相通。

後來宋朝的朱熹就從張衡《靈憲》稱為太元的階段，而《周易》謂之「太極」的渾沌狀態，提出了一個天體（宇宙）演化的假說：「天地初間只是陰陽之氣。這一個氣運行，磨來磨去，磨得急了便拶出許多渣滓。裡面無處出，便結成個地在中央。氣之清者便為天，為明，為星辰，只在外常周環運轉。地便只在中央不動，不是在下。」又說：「天運不息，晝夜輥轉，故地榷在中間。使天有一息之停，則地須陷下。惟天運轉之急，故凝結得許多渣滓在中間。地者氣之渣滓也。所以道輕清者為天，重濁者為地。」（引自《朱子性理語錄》）

朱熹正是從《周易》之說，太極處於陰陽二氣未分之時，而陰陽之氣未分，正是渾沌狀態的定義。這可能是中國古代天體演化學說達到最高層次的理論。在朱熹之後六百年德國人康德提出了著名的星雲說，後來法國的拉普拉斯用微分方程推導了這個理論。

【註　釋】

❶　《錢寶琮科學史論文選集》，科學出版社，1983 年第一版。

| 展出版社有限公司 | 圖書目錄 |
| 品冠文化出版社 | |

地址：台北市北投區(石牌)　　電話：　(02) 28236031
　　　致遠一路二段 12 巷 1 號　　　　　　28236033
郵撥：01669551＜大展＞　　　　　　　　28233123
　　　19346241＜品冠＞　　　傳真：　(02) 28272069

・少 年 偵 探・品冠編號 66

1.	怪盜二十面相	（精）	江戶川亂步著	特價	189 元
2.	少年偵探團	（精）	江戶川亂步著	特價	189 元
3.	妖怪博士	（精）	江戶川亂步著	特價	189 元
4.	大金塊	（精）	江戶川亂步著	特價	230 元
5.	青銅魔人	（精）	江戶川亂步著	特價	230 元
6.	地底魔術王	（精）	江戶川亂步著	特價	230 元
7.	透明怪人	（精）	江戶川亂步著	特價	230 元
8.	怪人四十面相	（精）	江戶川亂步著	特價	230 元
9.	宇宙怪人	（精）	江戶川亂步著	特價	230 元
10.	恐怖的鐵塔王國	（精）	江戶川亂步著	特價	230 元
11.	灰色巨人	（精）	江戶川亂步著	特價	230 元
12.	海底魔術師	（精）	江戶川亂步著	特價	230 元
13.	黃金豹	（精）	江戶川亂步著	特價	230 元
14.	魔法博士	（精）	江戶川亂步著	特價	230 元
15.	馬戲怪人	（精）	江戶川亂步著	特價	230 元
16.	魔人銅鑼	（精）	江戶川亂步著	特價	230 元
17.	魔法人偶	（精）	江戶川亂步著	特價	230 元
18.	奇面城的秘密	（精）	江戶川亂步著	特價	230 元
19.	夜光人	（精）	江戶川亂步著	特價	230 元
20.	塔上的魔術師	（精）	江戶川亂步著	特價	230 元
21.	鐵人Q	（精）	江戶川亂步著	特價	230 元
22.	假面恐怖王	（精）	江戶川亂步著	特價	230 元
23.	電人M	（精）	江戶川亂步著	特價	230 元
24.	二十面相的詛咒	（精）	江戶川亂步著	特價	230 元
25.	飛天二十面相	（精）	江戶川亂步著	特價	230 元
26.	黃金怪獸	（精）	江戶川亂步著	特價	230 元

・生 活 廣 場・品冠編號 61

1.	366 天誕生星	李芳黛譯	280 元
2.	366 天誕生花與誕生石	李芳黛譯	280 元
3.	科學命相	淺野八郎著	220 元
4.	已知的他界科學	陳蒼杰譯	220 元

5. 開拓未來的他界科學　　　　　　陳蒼杰譯　220 元
6. 世紀末變態心理犯罪檔案　　　　沈永嘉譯　240 元
7. 366 天開運年鑑　　　　　　　　林廷宇編著　230 元
8. 色彩學與你　　　　　　　　　　野村順一著　230 元
9. 科學手相　　　　　　　　　　　淺野八郎著　230 元
10. 你也能成為戀愛高手　　　　　　柯富陽編著　220 元
11. 血型與十二星座　　　　　　　　許淑瑛編著　230 元
12. 動物測驗—人性現形　　　　　　淺野八郎著　200 元
13. 愛情、幸福完全自測　　　　　　淺野八郎著　200 元
14. 輕鬆攻佔女性　　　　　　　　　趙奕世編著　230 元
15. 解讀命運密碼　　　　　　　　　郭宗德著　200 元
16. 由客家了解亞洲　　　　　　　　高木桂藏著　220 元

・女醫師系列・ 品冠編號 62

1. 子宮內膜症　　　　　　　　　　國府田清子著　200 元
2. 子宮肌瘤　　　　　　　　　　　黑島淳子著　200 元
3. 上班女性的壓力症候群　　　　　池下育子著　200 元
4. 漏尿、尿失禁　　　　　　　　　中田真木著　200 元
5. 高齡生產　　　　　　　　　　　大鷹美子著　200 元
6. 子宮癌　　　　　　　　　　　　上坊敏子著　200 元
7. 避孕　　　　　　　　　　　　　早乙女智子著　200 元
8. 不孕症　　　　　　　　　　　　中村春根著　200 元
9. 生理痛與生理不順　　　　　　　堀口雅子著　200 元
10. 更年期　　　　　　　　　　　　野末悅子著　200 元

・傳統民俗療法・ 品冠編號 63

1. 神奇刀療法　　　　　　　　　　潘文雄著　200 元
2. 神奇拍打療法　　　　　　　　　安在峰著　200 元
3. 神奇拔罐療法　　　　　　　　　安在峰著　200 元
4. 神奇艾灸療法　　　　　　　　　安在峰著　200 元
5. 神奇貼敷療法　　　　　　　　　安在峰著　200 元
6. 神奇薰洗療法　　　　　　　　　安在峰著　200 元
7. 神奇耳穴療法　　　　　　　　　安在峰著　200 元
8. 神奇指針療法　　　　　　　　　安在峰著　200 元
9. 神奇藥酒療法　　　　　　　　　安在峰著　200 元
10. 神奇藥茶療法　　　　　　　　　安在峰著　200 元
11. 神奇推拿療法　　　　　　　　　張貴荷著　200 元
12. 神奇止痛療法　　　　　　　　　漆浩著　200 元

・常見病藥膳調養叢書・ 品冠編號 631

1. 脂肪肝四季飲食　　　　　　　　蕭守貴著　200 元

2. 高血壓四季飲食　　　　　　　秦玖剛著　200 元
3. 慢性腎炎四季飲食　　　　　　魏從強著　200 元
4. 高脂血症四季飲食　　　　　　　薛輝著　200 元
5. 慢性胃炎四季飲食　　　　　　馬秉祥著　200 元
6. 糖尿病四季飲食　　　　　　　王耀獻著　200 元
7. 癌症四季飲食　　　　　　　　　李忠著　200 元
8. 痛風四季飲食　　　　　　　　魯焰主編　200 元
9. 肝炎四季飲食　　　　　　　　王虹等著　200 元
10. 肥胖症四季飲食　　　　　　　李偉等著　200 元
11. 膽囊炎、膽石症四季飲食　　　謝春娥著　200 元

・彩 色 圖 解 保 健・品冠編號 64

1. 瘦身　　　　　　　　　　　主婦之友社　300 元
2. 腰痛　　　　　　　　　　　主婦之友社　300 元
3. 肩膀痠痛　　　　　　　　　主婦之友社　300 元
4. 腰、膝、腳的疼痛　　　　　主婦之友社　300 元
5. 壓力、精神疲勞　　　　　　主婦之友社　300 元
6. 眼睛疲勞、視力減退　　　　主婦之友社　300 元

・心 想 事 成・品冠編號 65

1. 魔法愛情點心　　　　　　　結城莫拉著　120 元
2. 可愛手工飾品　　　　　　　結城莫拉著　120 元
3. 可愛打扮 & 髮型　　　　　　結城莫拉著　120 元
4. 撲克牌算命　　　　　　　　結城莫拉著　120 元

・熱 門 新 知・品冠編號 67

1. 圖解基因與 DNA　　（精）　中原英臣主編　230 元
2. 圖解人體的神奇　　（精）　米山公啟主編　230 元
3. 圖解腦與心的構造　（精）　永田和哉主編　230 元
4. 圖解科學的神奇　　（精）　鳥海光弘主編　230 元
5. 圖解數學的神奇　　（精）　　柳 谷 晃著　250 元
6. 圖解基因操作　　　（精）　海老原充主編　230 元
7. 圖解後基因組　　　（精）　才園哲人著　230 元

・武 術 特 輯・大展編號 10

1. 陳式太極拳入門　　　　　　馮志強編著　180 元
2. 武式太極拳　　　　　　　　郝少如編著　200 元
3. 中國跆拳道實戰 100 例　　　岳維傳著　220 元
4. 教門長拳　　　　　　　　　蕭京凌編著　150 元
5. 跆拳道　　　　　　　　　　蕭京凌編譯　180 元

國家圖書館出版品預行編目資料

易學與天文學／盧 央 著
——初版，——臺北市，大展，2005〔民94〕
面；21公分，——（易學智慧；15）
ISBN 957-468-383-4（平裝）
1.易經—研究與考訂 2.天文學
121.17 94004999

易學與天文學

ISBN 957-468-383-4

主　　編／朱伯崑
著　　者／盧　央
責任編輯／趙安民‧汪守本
發 行 人／蔡森明
出 版 者／大展出版社有限公司
社　　址／台北市北投區（石牌）致遠一路2段12巷1號
電　　話／（02）28236031‧28236033‧28233123
傳　　眞／（02）28272069
郵政劃撥／01669551
網　　址／www.dah-jaan.com.tw
E－mail／serviec@dah-jaan.com.tw
登 記 證／局版臺業字第2171號
承 印 者／高星印刷品行
裝　　訂／建鑫印刷裝訂有限公司
排 版 者／弘益電腦排版有限公司
初版1刷／2005年（民94年）6月

定　價／230元

大展好書　好書大展
品嘗好書　冠群可期

大展好書　好書大展
品嘗好書　冠群可期